도올만화논어 5

도올만화논어

안연·자로·헌문·위령공·계씨·양화·미자·자장·요왈

공자 원작 | 도올 역주 | 보현 만화

통나무

도올 만화 논어 5

차례

7
안연제십이(顏淵第十二)

35
자로제십삼(子路第十三)

69
헌문제십사(憲問第十四)

125
위령공제십오(衛靈公第十五)

155
계씨제십육(季氏第十六)

177
양화제십칠(陽貨第十七)

209
미자제십팔(微子第十八)

229
자장제십구(子張第十九)

251
요왈제이십(堯曰第二十)

261
상세 목차

안연제십이(顔淵第十二)

12-1 顔淵問仁. 子曰: "克己復禮爲仁. 一日克己復禮, 天下歸仁焉.
안연문인　자왈　극기복례위인　일일극기복례　천하귀인언

爲仁由己, 而由人乎哉?"
위인유기　이유인호재

안연이 인(仁)을 여쭈었다.
이에 공자께서 말씀하셨다.

"자기를 이겨서 예(禮)로 돌아가는 것을 인(仁)이라고 한다.
하루라도 자기를 이기고 예로 돌아갈 수 있다면
천하가 모두 인(仁)으로 돌아간다. 인을 실천하는 것은
오로지 자기로 말미암는 것이니,
어찌 타인으로 말미암아 인을 실천할 수 있겠느뇨?"

顔淵曰: "請問其目." 子曰: "非禮勿視, 非禮勿聽, 非禮勿言, 非禮勿動."
안연왈　청문기목　자왈　비례물시　비례물청　비례물언　비례물동

顔淵曰: "回雖不敏, 請事斯語矣."
안연왈　회수불민　청사사어의

안연이 말씀드렸다.

"그 세목을
여쭙겠나이다."

공자께서 말씀하셨다.

"예가 아니면 보지도 말고,
예가 아니면 듣지도 말며,
예가 아니면 말하지도 말고,
예가 아니면 움직이지도 말지어다."

안연이 대답하였다.

"회(回) 제가 불민하오나
이 말씀을 공경되이
따르겠나이다."

12-2 仲弓問仁. 子曰: "出門如見大賓, 使民如承大祭. 己所不欲,
중궁문인   자왈   출문여견대빈   사민여승대제   기소불욕

勿施於人. 在邦無怨, 在家無怨." 仲弓曰: "雍雖不敏, 請事斯語矣."
물시어인   재방무원   재가무원   중궁왈   옹수불민   청사사어의

중궁(仲弓)이 인(仁)을 여쭈었다.
이에 공자께서 말씀하셨다.

"집 문을 나가면 큰 손님을 뵈온 듯이 하고,
백성을 부릴 때는 큰 제사를 받들 듯이 하라.
내가 원하지 않는 것을 남에게도 베풀지 말라.
그리하면 나라에서도 원망 받는 일이 없을 것이며
집에서도 원망 받는 일이 없을 것이다."

중궁이 대답하였다.

"옹(雍) 제가 불민하오나
이 말씀을 공경되이
따르겠나이다."

앞 장과 형식이 똑같다는 것을 알 수 있습니다.

문 인
問仁

사람만 바뀌었을 뿐, 같은 주제에 대한 같은 문답의 방식인데,

안연이 인을 여쭈었다   중궁이 인을 여쭈었다

대답하는 안연과 중궁의 태도는 마치 서당에서 학생이 대답하는 모습 같네요.

제가 어리석고 둔하오나, 열심히 하겠습니다!

준비된 모범답안

[안연]편 전체에 걸쳐 공자의 이런 답변이 계속되기 때문에 조선의 유학자들에게는 인기가 있었죠.

집 밖에서는 손님을 뵌 듯이…

백성은 제사를 지내듯이…

공자님 명언은 여기 다 있네~!

안연편

기소불욕 물시어인은 공자가 구체적인 행동지침으로 여러 번 말한 바 있습니다.

내가 원하지 않는 것을 남에게 베풀지 말라.
— [위령공] 23

남이 나에게 무리한 것을 강요하는 것을 원치 않고, 나 또한 남에게 무리한 것을 강요하는 것을 원치 않는다.
— [공야장] 11

재 방 무 원   **재 가 무 원**
在邦無怨   **在家無怨**

공적 영역   사적 영역

여기서 '무원'은 '원망되어짐이 없다'로 해석합니다.

안연제십이(顔淵第十二)

12-3 司馬牛問仁. 子曰: "仁者, 其言也訒."
　　　　사 마 우 문 인　자 왈　　　 인 자　 기 언 야 인

사마우(司馬牛)가 인(仁)을 여쭈었다.
이에 공자께서 말씀하셨다.

"인한 사람은 말 더듬듯이 어렵게 한다."

曰: "其言也訒, 斯謂之仁矣乎?"
왈　 기 언 야 인　 사 위 지 인 의 호
子曰: "爲之難, 言之得無訒乎?"
자 왈　 위 지 난　 언 지 득 무 인 호

그러자 사마우가 반문하였다.

"그럼 말을 더듬듯이
어렵게 하기만 하면
곧 인(仁)하다고
일컬을 수 있습니까?"

공자께서 말씀하셨다.

"무엇이든 실천하기가
어려운 것인데,
말을 더듬듯이 어렵게
하지 않을 수 있겠느뇨?"

사마우는 〈논어〉에서
[안연]편 3, 4, 5장에만
집중적으로 나오는
인물입니다.

사마우에 대해서는 송나라에서
공자를 공격했던 사마환퇴의 동생
이라는 설과

이름이 리(犁)이며,
사마환퇴의 동생이다.
- 공안국

그냥 공자 제자 중의 한 사람이라는
설이 있는데

이름은 경(耕)이고,
자(字)는 자우다.

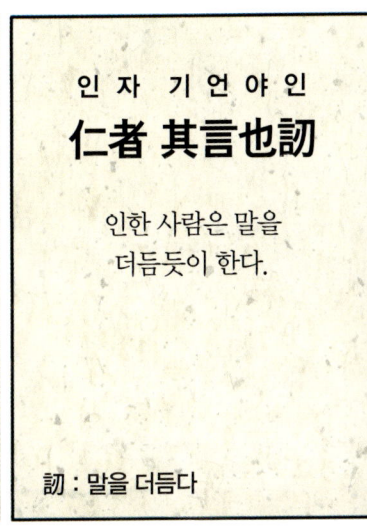

12-4

司馬牛問君子. 子曰: "君子不憂不懼."
사 마 우 문 군 자   자 왈   군 자 불 우 불 구

사마우(司馬牛)가 군자(君子)를 여쭈었다.
이에 공자께서 말씀하셨다.

"군자는 근심하지 않고 두려워하지 않는다."

曰: "不憂不懼, 斯謂之君子矣乎?"
왈   불 우 불 구   사 위 지 군 자 의 호

子曰: "內省不疚, 夫何憂何懼?"
자 왈   내 성 불 구   부 하 우 하 구

그러자 사마우가 반문하였다.

"근심하지 않고
두려워하지 않기만 한다면
곧 군자라 일컬을 수 있겠나이까?"

공자께서 말씀하셨다.

"안으로 살피어
고통 받을 일이 없는데,
무엇을 근심하며
무엇을 걱정하리오!"

〈매화서옥도〉(부분), 전기

1, 2장에 이어 3, 4장 역시 똑같은 형식을 이루고 있습니다.

일정한 틀을 갖춘 문체라서 공자가 직접 한 말 같지 않은 느낌이 있죠.

불우불구
하우하구

내성불구의 '구'를 보통 '허물', '하자'로 번역하지만

내 성 불 구
內省不疚

안으로 살피어
허물이나
하자가 없다!

주희

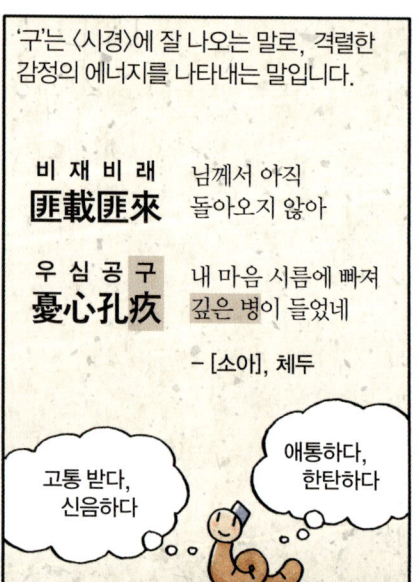

'구'는 〈시경〉에 잘 나오는 말로, 격렬한 감정의 에너지를 나타내는 말입니다.

비 재 비 래
匪載匪來   님께서 아직
돌아오지 않아

우 심 공 구
憂心孔疚   내 마음 시름에 빠져
깊은 병이 들었네

— [소아], 체두

고통 받다,
신음하다

애통하다,
한탄하다

12-5 司馬牛憂曰:"人皆有兄弟, 我獨亡!" 子夏曰:"商聞之矣:
사마우우왈 인개유형제 아독무 자하왈 상문지의

사마우가 한숨을 내쉬며 말했다.

"사람들은 모두 형제가 있는데, 나 홀로 없구나!"

자하가 위로하여 말하였다.

"나 상(商: 자하의 이름)은 이와 같이 들었소.

死生有命, 富貴在天. 君子敬而無失, 與人恭而有禮. 四海之內,
사생유명 부귀재천 군자경이무실 여인공이유례 사해지내

皆兄弟也, 君子何患乎無兄弟也?"
개형제야 군자하환호무형제야

'사람이 죽고 사는 것은 운명이 있는 것이요,
부하고 귀하게 되는 것은 하늘에 달린 것이다.'
군자는 경건하여 실수가 없고, 사람들과 더불어 공손하고
예(禮)가 있으면 사해지내(四海之內)의 동포들이 모두 형제이니,
군자가 어찌 형제 없음을 근심하리오?"

앞서 말한 대로, 여기서 사마우가 형 사마환퇴의 죽음을 슬퍼하고 있다는 해석은 일체 다루지 않겠습니다.

신주 / 고주 / 다산

〈좌전〉에 나오는 환퇴와 그의 동생 사마우의 이야기도 잘 살펴보면 이 장의 상황과 맞아떨어지지 않죠.

사마환퇴 / 형1 / 아우1 / 아우2 / 사마우

〈좌전〉에 출연하는 환퇴의 형제들

사마우는 아마도 부모 형제 없이 자라난 고독한 사람이었을 겁니다.

아 독 무
我獨亡

사마우

나만 홀로 외로이…

12-6 子張問明. 子曰: "浸潤之譖, 膚受之愬, 不行焉, 可謂明也已矣.
자장문명 자왈   침윤지참 부수지소   불행언   가위명야이의

浸潤之譖, 膚受之愬, 不行焉, 可謂遠也已矣."
침윤지참 부수지소   불행언   가위원야이의

자장이 사리의 밝음(明)에 관하여 여쭈었다.
공자께서 말씀하셨다.

"물에 젖듯이 서서히 스며드는 참언(讒言)과
피부로 느끼듯이 절박하게 다가오는 무고(誣告)의 호소가
먹혀들지 않는 사람이라면 밝다고 일컬을 만하다.
물에 젖듯이 서서히 스며드는 참언과
피부로 느끼듯이 절박하게 다가오는 무고의 호소가
먹혀들지 않는다면 어디 밝을 뿐이겠나?
고원한 경지의 인물이라 해야겠지."

침윤지참은 물이 서서히 번지며 스며들듯이 오래 두고 조금씩 남을 모함하는 것이고

부수지소는 살을 에는 듯 간절하게 자신의 원통함을 호소하면서 남을 헐뜯는 것인데

이런 것에 흔들리지 않는 능력이 훌륭한 임금의 첫째 기준이었죠.

명(明) = 현자를 알아보는 능력

간신배의 참언이나 하소연을 듣고 군주가 어두워지면 곧 세상의 모든 밝음이 어두워지게 되는데

지금도 대통령이 현인을 뽑아 쓰지 못한다면 세상이 어두워지기는 마찬가지입니다.

여기서 말하는 참이나 소가 먹혀들지 않는 꿋꿋한 대통령을 우리는 과연 몇 명이나 보았습니까?

12-7 子貢問政. 子曰:"足食, 足兵, 民信之矣."
자공문정 자왈 족식 족병 민신지의

子貢曰:"必不得已而去, 於斯三者何先?" 曰:"去兵."
자공왈 필부득이이거 어사삼자하선 왈 거병

자공이 정치를 여쭈었다.
이에 공자께서 말씀하셨다.

"먹을 것을 풍족케 하고, 군사력을 풍족케 하고, 백성들에게 믿음을 주는 것이 곧 정치다."

자공이 반문하였다.

"부득이 하여 반드시 하나를 버려야 한다면 이 셋 중 무엇을 먼저 버려야 합니까?"

공자께서 말씀하셨다.

"병(兵)을 버려라."

子貢曰:"必不得已而去, 於斯二者何先?"
자공왈 필부득이이거 어사이자하선

曰:"去食. 自古皆有死, 民無信不立."
왈 거식 자고개유사 민무신불립

자공이 또 반문하였다.

"부득이 하여 반드시 하나를 버려야 한다면 이 둘 중 무엇을 버려야 합니까?"

이에 공자께서 말씀하셨다.

"식(食)을 버려라! 예로부터 전쟁이 나서 죽든, 기아로 죽든 인간의 죽음이란 불가피하게 있어온 것이다. 그러나 백성은 믿음이 없으면 설 수가 없다."

역시 자공과 같은 무게의 인물이 나타나니까 대화의 수준이 달라집니다.

자공은 정치가였기에 공자에게 정치의 핵심을 물은 거죠.

물론, 식량과 군사력(전쟁자금 포함)은 정치의 핵심이었기에 공자가 먼저 말했지만

① 식食(식량)
② 병兵(군사력)
③ 신信(백성의 믿음)

그러나 셋 중 하나만 택하라면 신(信)을 택한다.

위정(爲政)의 근본은 부국강병이 아니라 사회를 떠받치는 도덕적 신뢰에 있습니다.

도덕적 신뢰가 무너지면 식(食)과 병(兵)이 다 무너져 버리고 마는 것이죠.

'백성은 믿음이 없으면 설 수가 없다'는 말을 정치하는 사람이라면 꼭 가슴에 담아두어야 합니다.

12-8 棘子成曰: "君子質而已矣, 何以文爲?"
극자성왈   군자질이이의   하이문위

子貢曰: "惜乎! 夫子之說君子也, 駟不及舌!
자공왈   석호   부자지설군자야   사불급설

위나라 대부 극자성(棘子成)이 말했다.

"군자는 질(質)로써 충분하다.
어찌하여 문(文)해야
한다고 그리 법석을 떠는가?"

이 말을 들은 자공이 탄식하여 말하였다.

"아~ 애석토다! 저자가 군자에 대해 말하는 것을 보라!
사두마차가 저자의 혓바닥에서 떨어진 실언을
따라잡지 못하는구나!

文猶質也, 質猶文也. 虎豹之鞹, 猶犬羊之鞹?"
문유질야   질유문야   호표지곽   유견양지곽

문(文)이 결국 질(質)과 같은 것이며,
질(質)이 결국 문(文)과 같은 것이다.
문·질은 빈빈해야 하는 것이다.
호랑이나 표범의 가죽에서 털을 벗기고 나면,
털 없는 양가죽이나 개가죽과 무엇이 다르랴!
군자가 질로써 충분하다면
털 없는 가죽일 뿐이로다!"

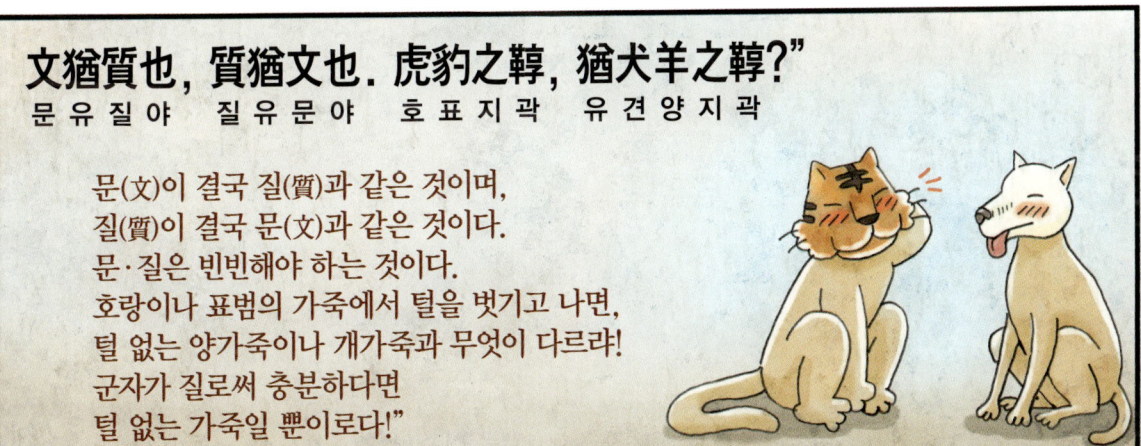

극자성은 당시 공자학단의 사람들이 문(文)의 방향으로 치우치는 것을 비난했던 사람이었나 본데,

극자성

군자는 바탕이 좋으면 그만이지, 겉을 꾸밀 필요가 있나?

남자는 힘!

문文 = 꾸미다

여기에 대해 문과 질은 같아야 한다는

사불급설 駟不及舌   말

사두마차

허~ 저거 봐라.

사두마차도 저자의 혀에서 떨어진 헛소리를 따라잡지 못하는구나~

자공의 변론 또한 강렬합니다.

호표지곽 虎豹之鞹   털을 없앤 가죽

호랑이 표범

겉과 속이 조화를 이루어야지, 그렇지 않으면 털 없앤 호랑이 가죽과 무엇이 다른가!

남자는 머리빨!

안연제십이(顏淵第十二)

12-9 哀公問於有若曰: "年饑, 用不足, 如之何?" 有若對曰: "盍徹乎?"
애공문어유약왈 연기 용부족 여지하 유약대왈 합철호

노나라의 군주 애공(哀公)이 유약(有若)에게 물었다.

"올해도 기근이 심합니다. 재정이 부족합니다. 이를 어찌하면 좋겠습니까?"

유약이 대답하여 말하였다.

"왜 십분의 일의 세법을 쓰지 않으십니까?"

曰: "二, 吾猶不足, 如之何其徹也?" 對曰: "百姓足, 君孰與不足?
왈 이 오유부족 여지하기철야 대왈 백성족 군숙여부족

百姓不足, 君孰與足?"
백성부족 군숙여족

애공이 말하였다.

"십분의 이로도 내 오히려 부족하거늘, 어찌 십 분의 일의 세법을 쓰라고 하십니까?"

유약이 대답하여 말하였다.

"백성이 풍족한데 임금께서 누구와 더불어 부족하실 수 있으며, 백성이 부족한데 임금께서 누구와 더불어 풍족하실 수 있겠나이까?"

12-10 子張問崇德辨惑. 子曰: "主忠信, 徙義, 崇德也.
자장문숭덕변혹 자왈 주충신 사의 숭덕야

자장이 덕(德)을 높이고 미혹됨(惑)을 분변하는 방법에 관해 여쭈었다.
이에 공자께서 말씀하셨다.

"충(忠)과 신(信)을 내 가슴속의 원칙으로 삼고,
의(義)를 보면 곧바로 의를 실천하는 것,
그것이 바로 덕을 높이는 것이다.

愛之欲其生, 惡之欲其死. 旣欲其生, 又欲其死, 是惑也.
애지욕기생 오지욕기사 기욕기생 우욕기사 시혹야

'誠不以富, 亦祗以異.'"
성불이부 역지이이

무엇이든지 좋아하면 그것이 잘되기를 바라고,
싫어하면 그것이 못되기를 바란다. 이미 잘되기를 바라면서
또 못되기를 바라는 인간의 모순된 감정,
그것이 바로 미혹(惑)이니라. 이런 노래가 있지 않니?
'진실로 내면의 풍요로움을 구하지 아니 하고 단지 외면의
색다름만 구해 떠도는 너 인간이여!' 인간의 미혹된 모습이로다."

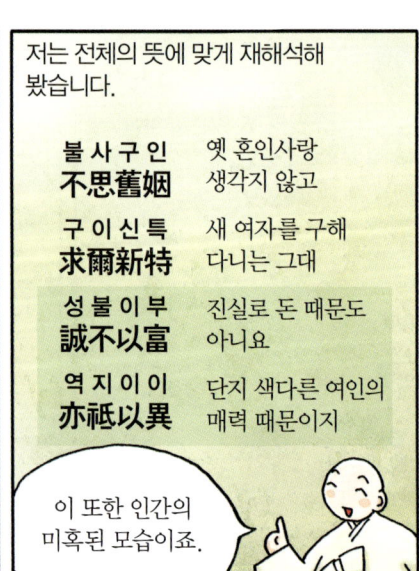

12-11 齊景公問政於孔子. 孔子對曰: "君君, 臣臣, 父父, 子子."
제 경 공 문 정 어 공 자   공 자 대 왈   군 군   신 신   부 부   자 자

公曰: "善哉! 信如君不君, 臣不臣, 父不父, 子不子,
공 왈   선 재   신 여 군 불 군   신 불 신   부 불 부   자 부 자

雖有粟, 吾得而食諸?"
수 유 속   오 득 이 식 저

제나라 경공(景公)이 공자에게 정치를 물었다.
공자가 대답하였다.

"임금이 임금답고, 신하가 신하답고,
아버지가 아버지답고, 아들이 아들다우면
정치는 잘 돌아가게 되어 있습니다."

경공이 기뻐 말하였다.

"좋구나! 그대의 말이여!
진실로 임금이 임금답지 못하고,
신하가 신하답지 못하고, 아버지가
아버지답지 못하고, 아들이 아들답지
못하다면, 곡식이 쌓여 있다 한들 내 어찌
그것을 먹고 즐기는 삶을 살 수 있겠는가?"

제나라는 지금의 산동성의 대부분을 차지하는 큰 나라였습니다,

경공은 무려 58년간 왕위에 있었던 제나라 임금으로, 욕심 많고 우유부단한 인물이었죠.

나라를 바로잡으려면 어찌해야 하오?

이 대화는 공자가 젊은 시절 제나라에 갔을 때 이루어졌는데

임금이 임금답고 아버지가 아버지다우면, 나라가 안정되고 기강이 설 것입니다.

공자 약 35세

그런데 아무리 최고의 사상을 이야기해도 듣는 사람이 평범하면,

신하가 신하답지 못하고 아들이 아들답지 못하다면

옳거니!

자기 수준에서 평범하게 해석해버리고 말죠.

식량이 넉넉하다 한들 내가 마음 편하게 먹을 수나 있겠소?

경공의 대답은 그러한 코미디의 하나로 보여집니다.

'임금답다'는 공자의 말에는 그에 걸맞은 통치력과 위기 대처 능력이 있어야 한다는 의미가 들어 있죠.

안연제십이(顔淵第十二)

12-12 子曰: "片言可以折獄者, 其由也與?" 子路無宿諾.
자왈 편언가이절옥자 기유야여 자로무숙낙

공자께서 말씀하셨다.

"편린의 진실된 말만 듣고도 옥사(獄事)를 결단할 수 있는 자는 유(由: 자로)뿐일 것이다!"

(주변 사람들이 자로를 평한 말이 있다)
자로는 한번 결단한 것은 즉각 실행에 옮기지 않는 법이 없었다.

12-13 子曰: "聽訟, 吾猶人也. 必也使無訟乎!"
자왈 청송 오유인야 필야사무송호

공자께서 말씀하셨다.

"송사를 듣고 결단하는 데 있어서는 나 또한 남과 같이 잘할 수 있다. 그러나 내가 기필코 원하는 것은 이것이다! 사람들로 하여금 송사를 일으킬 일이 없도록 만드는 정치를 행하는 것이다."

12-14 子張問政. 子曰:"居之無倦, 行之以忠."
자장문정 자왈 거지무권 행지이충

자장이 정치를 여쭈었다.
이에 공자께서 말씀하셨다.

"정치 속에서 살 때에는 무엇보다도 권태를 느끼지 않고 지속적으로 노력하는 것이 중요하다. 정치를 행할 때에는 마음에서 우러나오는 충(忠)으로써 해야 한다."

'무권'을 그냥 '게으름이 없다'로 번역하면 너무 가벼운 의미가 됩니다.

무권 無倦

정치인은 피곤을 모르고 부지런해야 한다?

정치인은 정치적 문제에 무감각해지거나 관심이 시들지 않는 것이 더 중요하죠.

무권 無倦

권태를 느끼지 않고 지속적으로 끊임없이 노력해야 한다!

여기서도 '충'은 사람을 대하는 마음의 자세를 말합니다.

우러나오는 마음

12-15 子曰:"博學於文, 約之以禮, 亦可以弗畔矣夫!"
자왈 박학어문 약지이례 역가이불반의부

공자께서 말씀하셨다.

"문(文)의 세계에 있어서는 가급적 널리 배워야 한다. 그러나 그것을 반드시 예(禮)로써 집약시켜야 한다. 그리하면 도에 어긋남이 없을 것이다."

[옹야] 25에 정확히 같은 구절이 나왔었죠.

학문을 할 때는 넓게 배우되,

문文

인문적 교양

넓은 교양을 한데 모아 간추리는 핵심적 주제의식과 문제의식이 있어야 합니다.

예禮

12-16 子曰: "君子成人之美, 不成人之惡. 小人反是."
자왈 　군자성인지미 　불성인지오 　소인반시

공자께서 말씀하셨다.

"군자(君子)는 사람의 아름다운 측면을 완성하도록 도와주고,
사람의 추한 측면은 버리도록 도와준다.
소인(小人)은 이와 정반대이다."

미(美)와 짝이 되는 말은 **악(惡)**으로 읽지 말고, **오(惡)**로 읽어야 합니다.

美 ⇔ 惡(醜)
미　　　오 (추)

아름답다 　　흉하다, 추하다

〈노자〉의 구절에서도 확인할 수 있듯이 선진사상에 나오는 **오(惡)**는 대부분

천하개지미지위미　사오이
天下皆知美之爲美, 斯惡已

천하 사람들이 모두 아름다운 것은 아름답다고만 알고 있으나, 실상 그것은 추할 수도 있는 것이다.

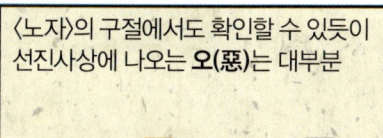

윤리적 가치인 동시에 아름다움을 구별하는 **심미적 가치**로 쓰였죠.

개지선지위선　사불선이
皆知善之爲善, 斯不善已

사람들이 모두 선을 선이라고만 알고 있으나 실상 그것은 불선일 수도 있는 것이다.
– 〈노자〉 제2장

善 ⇔ 不善

선의 반대는 불선

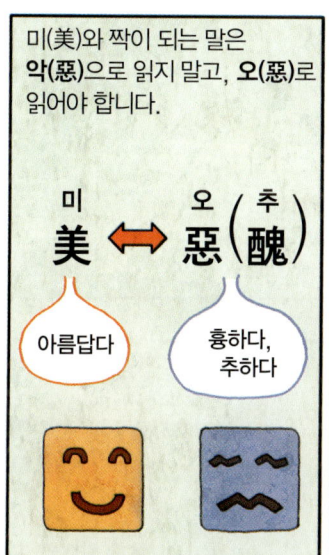

인간에게는 누구나 **아름다운 측면과 추한 측면이** 있지만, 이것은 충분히 고칠 수 있는 문제이죠.

고정적인 **선-악**의 짝은 서구 문명권에서 나온 것으로, 동방 문명에는 원래 없었습니다.

선-불선　　선-악

	동방(東方) the East		서방(西方) the West	
윤리적 가치	선(善)	⇔ 불선(不善)	선(善) the Good	⇔ 악(惡) the Evil
심미적 가치	미(美)	⇔ 오(惡) 추(醜)	미(美) the Beautiful	⇔ 추악(醜惡) the Ugly

안연제십이(顏淵第十二)

12-17 季康子問政於孔子. 孔子對曰:"政者, 正也. 子帥以正, 孰敢不正?"
계강자문정어공자 공자대왈 정자 정야 자솔이정 숙감부정

계강자가 공자에게 정치를 물었다.
공자가 이에 대답하여 말씀하셨다.

"정치라는 것은 바르게 하는 것이다.
수장인 그대가 바름으로써 솔선수범을 보인다면
감히 그 누가 바르지 않을 수 있겠는가?"

가슴이 시원해지는 공자의 명언입니다.

당시 노나라 정치의 수장(首長)인 계강자에게 할 말 다 하는 공자의 모습이죠.

나, 삼환의 우두머리인데…

당신만 잘하면 됩니다.

정(政)과 정(正)은 어원도 같고 음과 의미도 비슷합니다.

정 政 — 정치는
정 正 — 바르게

발음이 같은 글자로 뜻을 풀이하는 것을 성훈(聲訓)이라고 하죠.

12-18 季康子患盜, 問於孔子. 孔子對曰:"苟子之不欲, 雖賞之不竊."
계강자환도 문어공자 공자대왈 구자지불욕 수상지부절

계강자가 도둑이 성하여
그 대책을 여쭈었다.
공자께서 대답하여 말씀하셨다.

"이 나라의 수장인 그대가 탐욕을 부리지 않는다면,
비록 백성들에게 상을 주면서 도둑질하라 해도
도둑질하지 않을 것이다."

계속해서 계강자가 정치에 대해 열심히 묻는데

도둑이 많은데 어떡하죠?

역시 공자는 하고 싶은 말을 망설이지 않고 합니다.

당신이 너무 욕심부리지 않으면 됩니다.

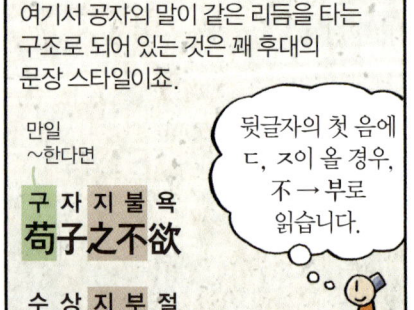

여기서 공자의 말이 같은 리듬을 타는 구조로 되어 있는 것은 꽤 후대의 문장 스타일이죠.

만일 ~한다면
구 자 지 불 욕
苟子之不欲

수 상 지 부 절
雖賞之不竊

뒷글자의 첫 음에 ㄷ, ㅈ이 올 경우, 不 → 부로 읽습니다.

훔치다

12-19 季康子問政於孔子曰: "如殺無道, 以就有道, 何如?"
계강자문정어공자왈 여살무도 이취유도 하여

孔子對曰: "子爲政, 焉用殺? 子欲善而民善矣. 君子之德風,
공자대왈 자위정 언용살 자욕선이민선의 군자지덕풍

小人之德草. 草上之風, 必偃."
소인지덕초 초상지풍 필언

계강자가 공자에게 정치를 물어 말하였다.

"무도(無道)한 자들을 사형에 처하여 유도(有道)한 백성들의 삶을 윤택하게 만들어주면 어떨까요?"

이에 공자께서 대답하여 말씀하셨다.

"그대는 정치를 하는 사람이다! 어찌하여 인명을 살상하여 정치를 하려는고! 그대가 선을 원하면 백성 또한 선하게 될 것이다. 군자의 덕은 스치는 바람과도 같고, 백성들의 덕은 풀과도 같다. 풀 위에 바람이 스치면, 풀은 누울 뿐이로다."

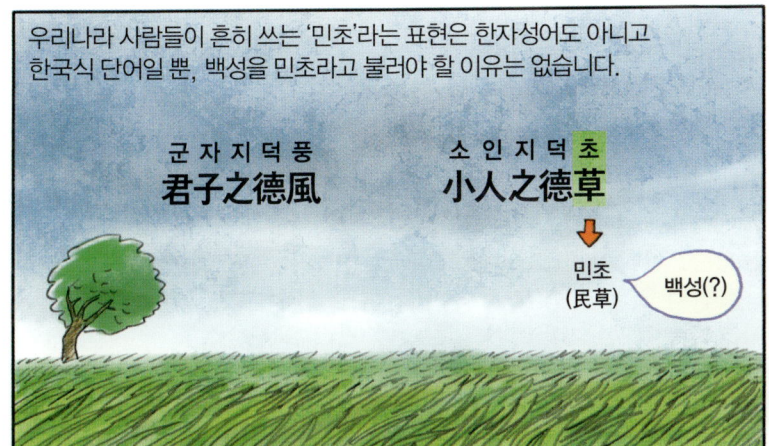

안연제십이(顔淵第十二)

12-20 子張問:"士何如斯可謂之達矣?" 子曰:"何哉? 爾所謂達者!"
자장문 사하여사가위지달의 자왈 하재 이소위달자

子張對曰:"在邦必聞, 在家必聞."
자장대왈 재방필문 재가필문

자장이 여쭈었다.

"선비가 어떤 모습이라야 곧 통달한 사람이라 일컬을 수 있습니까?"

공자께서 말씀하셨다.

"네가 말하는 통달이라는 것이 대체 무엇이냐?"

자장이 이에 대답하여 말하였다.

"나라에서도 반드시 소문이 나고, 집에서도 반드시 소문이 나는 것입니다."

子曰:"是聞也, 非達也. 夫達也者, 質直而好義, 察言而觀色,
자왈 시문야 비달야 부달야자 질직이호의 찰언이관색

慮以下人. 在邦必達, 在家必達.
여이하인 재방필달 재가필달

공자께서 말씀하셨다.

"이 녀석아. 그것은 유명한 것이지 통달한 것이 아니다.
대저 통달한다 하는 것은, 질박하며 정직하고 의(義)를 좋아하며,
남의 말을 잘 살피고 타인의 얼굴빛을 잘 관찰하여 항상 사려 깊게
자기를 낮추는 사람이라야 가능한 것이니, 이런 사람은 나라에서도
반드시 통달하며, 집에서도 반드시 통달한다.

夫聞也者, 色取仁而行違, 居之不疑. 在邦必聞, 在家必聞."
부문야자 색취인이행위 거지불의 재방필문 재가필문

대저 유명해진다고 하는 것은
얼굴빛은 인자로운 것 같으나 행실은 겉모양에 위배되며,
앉아 있는 곳에 항상 느긋하게 앉아 있으면서
회의하고 노력하는 것이 없는 사람들이나 하는 짓이다.
이런 사람은 나라에서도 반드시 유명해지며,
집에서도 반드시 유명해진다."

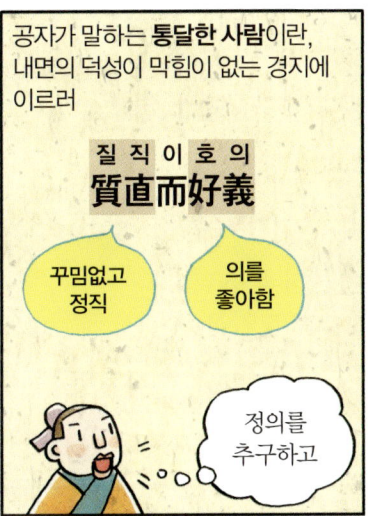

안연제십이(顏淵第十二)

12-21 樊遲從遊於舞雩之下, 曰: "敢問崇德、脩慝、辨惑?"
번지종유어무우지하　왈　감문숭덕　수특　변혹

子曰: "善哉問!
자왈　선재문

번지가 공자를 시중들며 노나라 남쪽의 무우(舞雩) 제단 아래서 한가로이 노닐고 있었는데, 불쑥 여쭈었다.

"감히 묻습니다. 덕을 높이는 것과, 사특함을 없애는 것과, 미혹을 구별하는 것을 묻습니다."

공자께서 말씀하셨다.

"거참 좋구나! 너의 질문이.

先事後得, 非崇德與? 攻其惡, 無攻人之惡, 非脩慝與? 一朝之忿,
선사후득　비숭덕여　공기악　무공인지악　비수특여　일조지분

忘其身, 以及其親, 非惑與?"
망기신　이급기친　비혹여

　　　실천을 먼저 하고 그 실천으로써 얻는 이득을
　　뒤로 하는 것, 그것이 덕을 높이는 일이 아니고 무엇이겠니?
　　자신의 결점을 공격하고 타인의 결점을 공격하지 아니 하는 것,
　　　그것이 사특함을 없애는 일이 아니고 무엇이겠니?
　　하루아침의 분노로써 한 몸을 잃어버리고 그 화(禍)를 부모님에게까지
　　　미치게 하는 것, 그것이 바로 미혹함이 아니고 무엇이겠니?"

12-22

樊遲問仁. 子曰: "愛人." 問知. 子曰: "知人."
번지문인 자왈 애인 문지 자왈 지인

번지가 인(仁)을 여쭈었다.
공자께서 말씀하셨다.

또 지(知)를 여쭈었다.
공자께서 말씀하셨다.

"사람을 사랑하는 것이다."

"사람을 아는 것이다."

樊遲未達. 子曰: "擧直錯諸枉, 能使枉者直."
번지미달 자왈 거직조저왕 능사왕자직

번지가 이 말씀을 깊게 알아들을 수가 없었다.
그러자 공자께서는 다음과 같은 말씀을 첨가하셨다.

"굽은 판자 위에 곧은 판자를 놓아 누르면 굽은 판자가 펴지듯이,
곧은 사람을 들어 굽은 사람 위에 놓으면 모든 굽은 사람들이 곧게 될 수 있느니라."

樊遲退, 見子夏曰: "鄕也吾見於夫子而問知, 子曰, '擧直錯諸枉,
번지퇴 견자하왈 향야오견어부자이문지 자왈 거직조저왕

能使枉者直,' 何謂也?"
능사왕자직 하위야

번지가 물러나 자하를 보았을 때,
다시 말했다.

"지난 번에 내가 부자를 뵈었을 때에 지(知)에 대해
여쭈었는데, 공자께서 '곧은 사람을 들어 굽은 사람
위에 놓으면 모든 굽은 사람들이 곧게 되리라'라고
말씀하셨는데, 도대체 이 말씀이 무슨 뜻인가?"

子夏曰: "富哉言乎! 舜有天下, 選於衆, 擧皐陶,
자하왈 부재언호 순유천하 선어중 거고요

不仁者遠矣. 湯有天下, 選於衆, 擧伊尹, 不仁者遠矣."
불인자원의 탕유천하 선어중 거이윤 불인자원의

자하가 말하였다. "풍요롭도다! 그 말씀이여! 순(舜)이 천하를 얻음에 그 많은 사람
가운데서 고요(皐陶)를 들어 쓰시니, 불인(不仁)한 자들이 사라졌고,
탕(湯)이 천하를 얻음에 그 많은 사람들 가운데 이윤(伊尹)을 들어 쓰시니,
불인한 자들이 멀리 사라지지 아니 하였던가!"

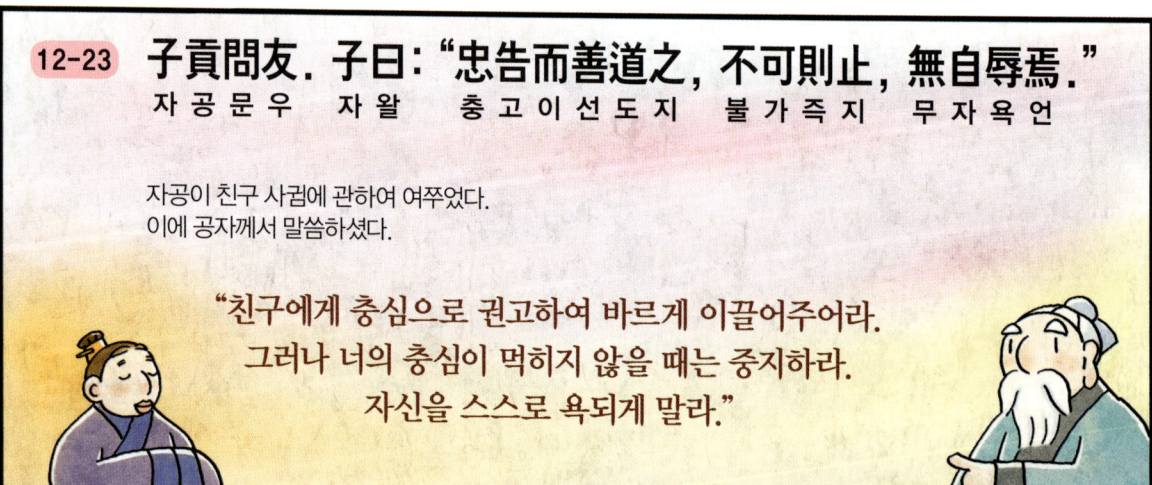

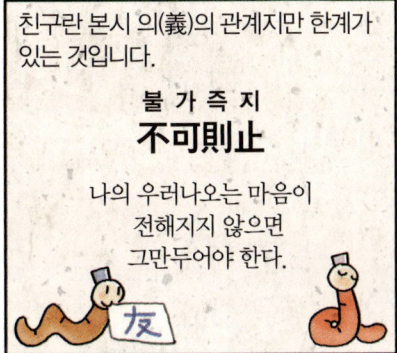

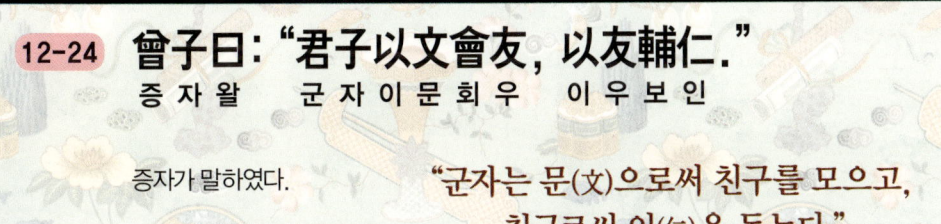

자로제십삼(子路第十三)

13-1

子路問政. 子曰:"先之, 勞之." 請益. 曰:"無倦."
자로문정 자왈 선지 노지 청익 왈 무권

자로가 정치를 여쭈었다.
이에 공자께서 말씀하셨다.

"백성들에 앞서 실천하는 솔선수범을 보여라.
그리고 백성들이 사는 수고로움을 잊게 하라."

자로가 좀 더 말해주시길 부탁하였다.
공자께서 말씀하셨다.

"권태를 느끼지 말고
열정을 지속시켜라."

무권은 앞서 나온 것처럼 해석했습니다.

무권 無倦 — 권태를 느끼지 말고 끊임없이 노력하라
– [안연] 14

귀차니즘
게으르니즘

곽외가 연나라 소왕에게 죽은 천리마의 뼈를 사다 바쳤다는 일화는

튼튼한 천리마를 사오랬더니?

500냥어치

중궁의 질문에 대한 공자의 답과 통하는 이야기죠.

죽은 천리마도 비싼 값에 사들였으니, 곧 많은 사람들이 천리마를 팔러 몰려들 겁니다.

13-2

仲弓爲季氏宰, 問政. 子曰:"先有司, 赦小過, 擧賢才."
중궁위계씨재 문정 자왈 선유사 사소과 거현재

중궁이 계씨의 가신이 되어 정치를 여쭈었다.
이에 공자께서 말씀하셨다.

중궁 (염옹)

"유능한 관리를 적재적소에 배치하는 것이 급선무다.
그들의 사소한 과실은 용서해라.
슬기로운 자와 재능 있는 자를 등용하라."

曰:"焉知賢才而擧之?" 曰:"擧爾所知. 爾所不知, 人其舍諸?"
왈 언지현재이거지 왈 거이소지 이소부지 인기사저

중궁이 여쭈었다.

"슬기로운 자와 재능 있는 자를
어찌 알고 등용하오리까?"

공자께서 말씀하셨다.

"네가 알고 있는 슬기로운 자와 재능 있는 자를
우선 등용한다면, 네가 모르는 슬기로운 자와
재능 있는 자를 세상이 내버려 두겠는가?"

13-3

子路曰: "衛君待子而爲政, 子將奚先?" 子曰: "必也正名乎!"
자로왈　　위군대자이위정　　자장해선　　자왈　　필야정명호

子路曰: "有是哉, 子之迂也! 奚其正?"
자로왈　　유시재　자지우야　해기정

자로가 말하였다.
"위(衛)나라의 군주가 선생님을 모셔다가 정치를 하려 한다면, 선생님께서는 무엇을 먼저 하시겠습니까?"

공자께서 말씀하셨다.
"반드시 이름을 바로잡는 정명(正名)을 먼저 할 것이다."

자로가 말하였다.
"역시나 했더니만, 선생님도 답답하십니다. 왜 하필 이름을 바로 잡는다고 하십니까?"

子曰: "野哉, 由也! 君子於其所不知, 蓋闕如也. 名不正, 則言不順;
자왈　　야재　유야　군자어기소부지　　개궐여야　　명부정　즉언불순

言不順, 則事不成;
언불순　즉사불성

이에 공자께서 말씀하셨다.
"야비하구나, 유(由) 이 녀석!
군자는 알지 못하는 것에는 입이나 다물고 있는 법이거늘.
이름이 올바르지 않으면 말이 바른 논리를 따라가지 않고,
말이 바른 논리를 따라가지 않으면 사업이
이루어지지 않는다.

事不成, 則禮樂不興; 禮樂不興, 則刑罰不中; 刑罰不中,
사불성　즉예악불흥　　예악불흥　즉형벌부중　　형벌부중

則民無所措手足.
즉민무소조수족

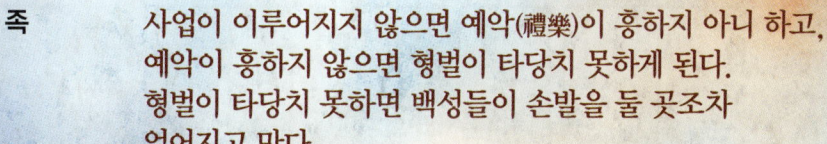

사업이 이루어지지 않으면 예악(禮樂)이 흥하지 아니 하고,
예악이 흥하지 않으면 형벌이 타당치 못하게 된다.
형벌이 타당치 못하면 백성들이 손발을 둘 곳조차
없어지고 만다.

故君子名之必可言也, 言之必可行也. 君子於其言, 無所苟而已矣!"
고군자명지필가언야　　언지필가행야　　군자어기언　　무소구이이의

그러므로 군자는 무엇을 이름하면(名之), 그것에 대해 바른 논리를 세워야 한다.
바른 논리를 세우면 반드시 실행에 옮겨야 한다. 군자가 그 말의 논리에 있어서
어찌 구차스러움이 있을 수 있겠는가!"

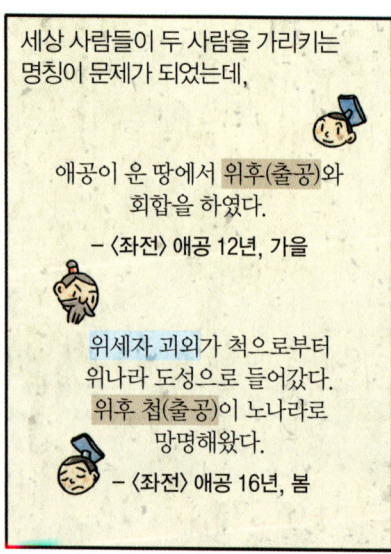

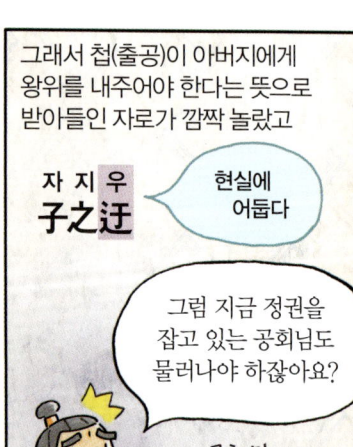

13-4 樊遲請學稼. 子曰:"吾不如老農."
번지청학가 자왈 오불여노농

請學爲圃. 曰:"吾不如老圃."
청학위포 왈 오불여노포

번지가 공자에게 농사일을
배우기를 청하였다.
이에 공자께서 말씀하셨다.

"농사일에 관해서는
나는 늙은 농부만 못하다."

그러자 번지가 또 채소 기르는 일을
배우기를 청하였다.
이에 공자께서 말씀하셨다.

"채소 경작에 관해서는
나는 채마밭 늙은이만 못하다."

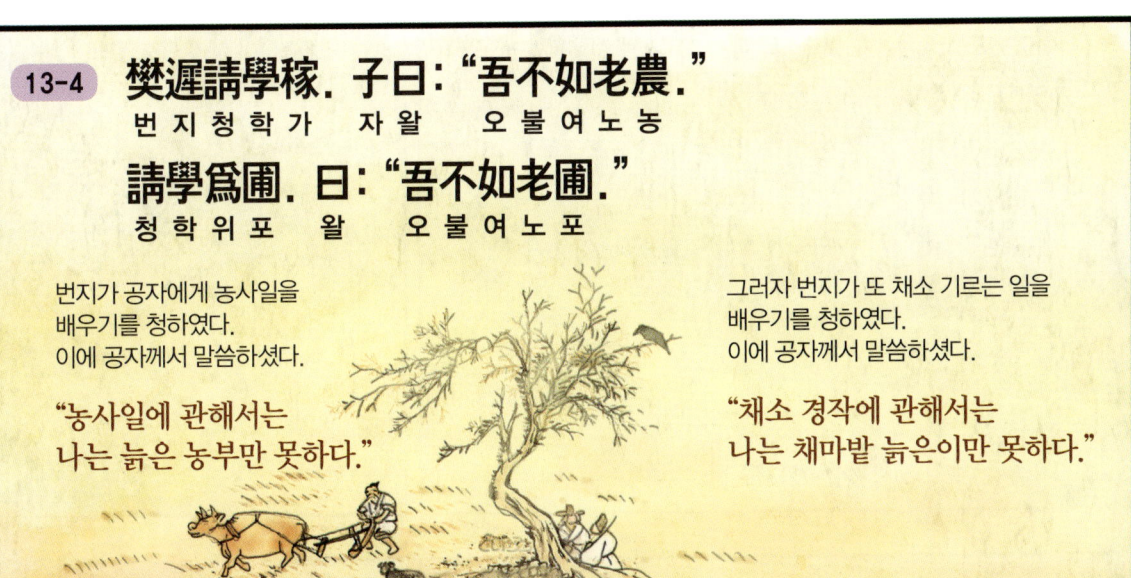

〈경작도〉, 김홍도

樊遲出. 子曰:"小人哉, 樊須也! 上好禮, 則民莫敢不敬,
번지출 자왈 소인재 번수야 상호례 즉민막감불경

上好義, 則民莫敢不服, 上好信, 則民莫敢不用情.
상호의 즉민막감불복 상호신 즉민막감불용정

번지가 퇴장하자, 공자께서는 한탄스럽게 말씀하셨다.

"참으로 쩨쩨한 소인(小人)이로구나! 저 번수(樊須: 번지의 이름) 녀석!
통치자가 예(禮)를 좋아하면 백성들은 공경치 아니 함이 없고,
통치자가 의(義)를 사랑하면 백성들은 순종하지 아니 함이 없고,
통치자가 신험(信驗)하기 좋아하면 백성들은 자기의 진실을
내보이지 아니 하는 자가 없다.

夫如是, 則四方之民襁負其子而至矣, 焉用稼?"
부여시 즉사방지민강부기자이지의 언용가

대저 이와 같이 행하면 사방의 백성들이
그 아기를 포대기에 업고 몰려들 것이니,
어찌 농사짓는 일로써 정치의 기준을 삼으려는가?"

〈수박과 사마귀〉, 신사임당

자로제십삼(子路第十三)

13-5 子曰：“誦詩三百，授之以政，不達；使於四方，
자왈　송시삼백　수지이정　부달　사어사방

不能專對；雖多，亦奚以爲？”
불능전대　수다　역해이위

공자께서 말씀하셨다.
"시(詩) 삼백 편을 줄줄 외운다 해도, 그자에게 정치를 맡겨본들 통달치 못하고, 또 사방의 사신으로 보내본들 온전하게 응대하지도 못한다면, 지식이 많은 것이 무슨 소용이랴!"

여기서 **시삼백**이라는 표현은 공자 말년 즈음에 이미 오늘날의 〈시경〉이 갖추어져

시 편찬을 끝냈지.

교양의 기준이 되고 있었음을 보여줍니다.

그런데 공자가 지적하고 있는 당시의 문제가

정치를 맡겨도 판단력이 없고

오늘날 지식인의 문제점과 크게 다르지 않습니다.

외교·국방을 맡겨도 홀로 처리하지 못한다

공부를 많이 한 것과 실제 업무 능력이 꼭 일치하지는 않는다는 것이죠.

배운 지식을 통합하지 못하는 지식인의 현실을 개탄한 공자의 말씀입니다.

지적 통합성과 도덕성을 함께 갖춘 인재를 길러 내는 것이 교육의 몫이죠.

13-6 子曰:"其身正, 不令而行; 其身不正, 雖令不從."
자왈　기신정　불령이행　기신부정　수령부종

공자께서 말씀하셨다.

"다스리는 자의 몸이 바르면, 법령을 발하지 않아도 스스로 행하여지고, 그 몸이 바르지 못하면 법령을 발하여도 아무도 따르지 않는다."

13-7 子曰:"魯衛之政, 兄弟也!"
자왈　노위지정　형제야

공자께서 말씀하셨다.

"노(魯)나라와 위(衛)나라의 정치는 형제간이로다!"

13-8 子謂衛公子荊,"善居室. 始有, 曰:'苟合矣.' 少有, 曰:'苟完矣.'
자 위 위 공 자 형　선 거 실　시 유　왈　구 합 의　소 유　왈　구 완 의

富有, 曰:'苟美矣.'"
부 유　왈　구 미 의

공자께서 위나라의 현명한 공자 형(荊)을 평하여 말씀하셨다.

"그는 집안 재산을 잘 관리할 줄 알았다. 재산이 처음 생겼을 때 말하기를, '그런대로 조금 모였군요'라 했다. 재산을 어느 정도 가졌을 때 말하기를, '그런대로 구비되었군요'라고 했다. 재산을 풍요롭게 가지게 되었을 때 말하기를, '그런대로 아름답군요'라고 했다."

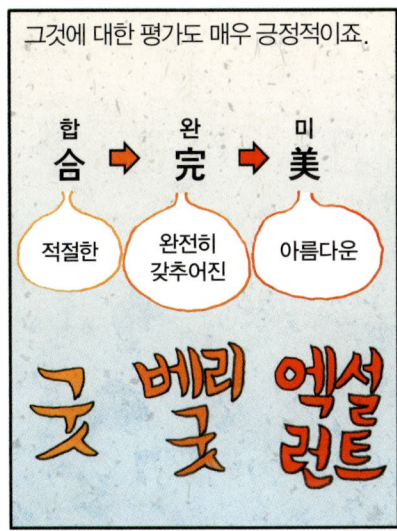
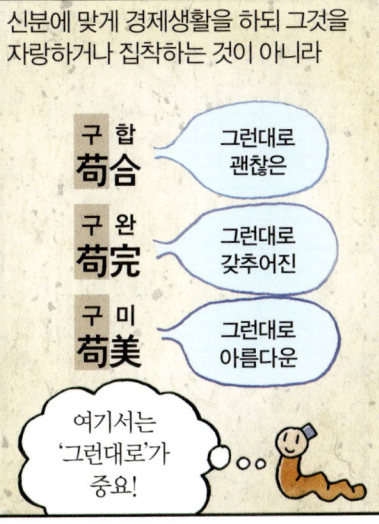

자로제십삼(子路第十三)

13-9 子適衛, 冉有僕. 子曰:"庶矣哉!" 冉有曰:"既庶矣, 又何加焉?"
자적위 염유복 자왈 서의재 염유왈 기서의 우하가언

공자가 위나라로 가셨을 때에 염유가 수레를 몰았다.
공자께서 위나라 수도를 지나시면서 말씀하셨다.

"아~ 참 사람이 많기도 하구나!"

염유가 여쭈었다.

"그렇습니다. 인구가 많습니다. 그럼 또 무엇을 해야 할까요?"

曰:"富之." 曰:"既富矣, 又何加焉?" 曰:"教之."
왈 부지 왈 기부의 우하가언 왈 교지

이에 공자께서 말씀하셨다.

"그들을 풍요롭게 해주어야 한다."

염유가 또 여쭈었다.

"이미 풍요롭게 되었다면, 또한 무엇을 해야 할까요?"

이에 공자께서 말씀하셨다.

"그들을 교육시켜라."

공자가 위나라에 처음 갔을 때 받았던 문화적 충격을 쓴 것일 수도 있습니다.

위나라 수도 조가(朝歌)

바글 바글

놀랍다!
사람이 정말 많구나!

공자 약 55세
염유 약 26세

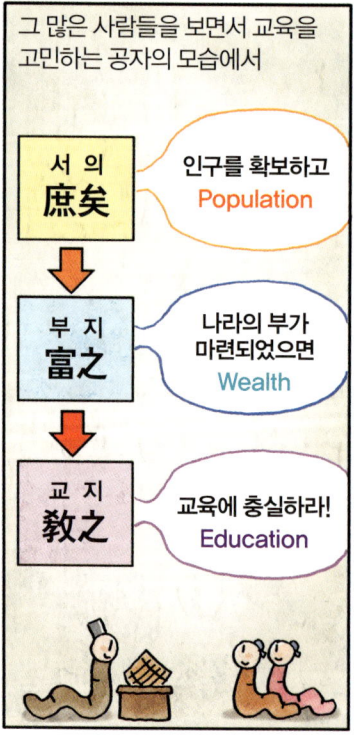

그 많은 사람들을 보면서 교육을 고민하는 공자의 모습에서

서 의 庶矣 → 인구를 확보하고 Population

부 지 富之 → 나라의 부가 마련되었으면 Wealth

교 지 教之 → 교육에 충실하라! Education

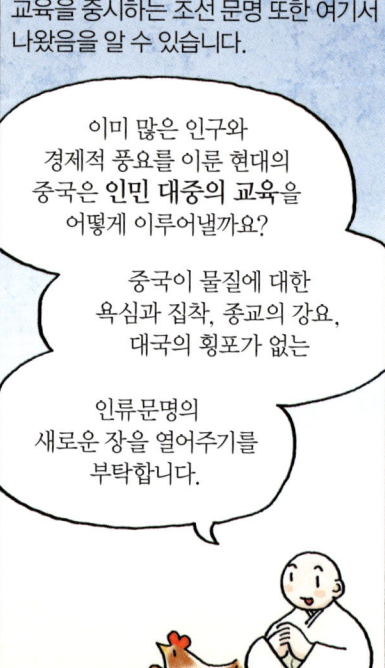

교육을 중시하는 조선 문명 또한 여기서 나왔음을 알 수 있습니다.

이미 많은 인구와 경제적 풍요를 이룬 현대의 중국은 인민 대중의 교육을 어떻게 이루어낼까요?

중국이 물질에 대한 욕심과 집착, 종교의 강요, 대국의 횡포가 없는

인류문명의 새로운 장을 열어주기를 부탁합니다.

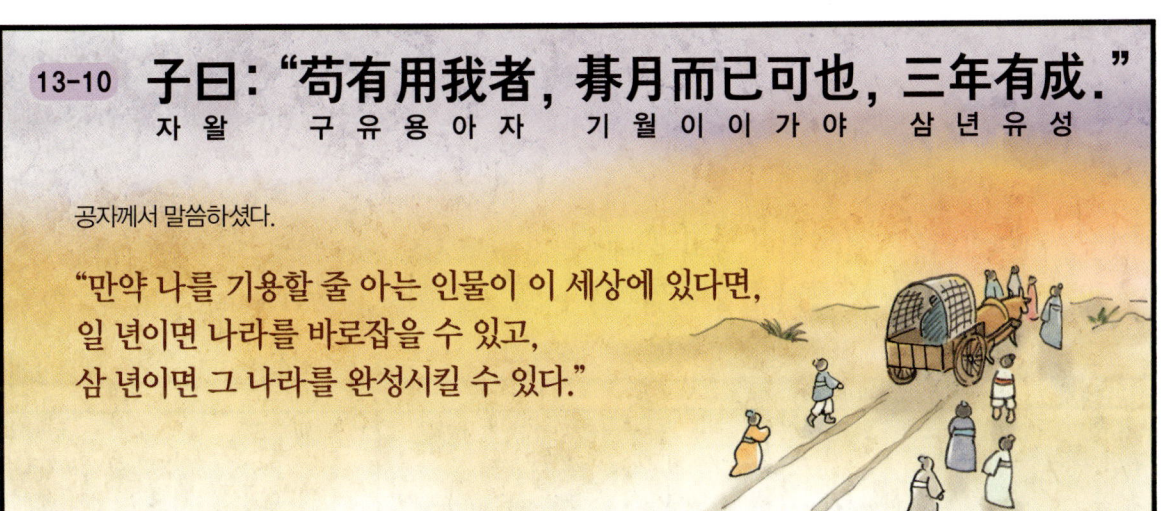

13-11 子曰:"'善人爲邦百年, 亦可以勝殘去殺矣.'誠哉是言也!"
자왈 선인위방백년 역가이승잔거살의 성재시언야

공자께서 말씀하셨다.

"옛말에 '선인(善人)이 나라를 다스리기를 백 년만 지속할 수 있다면,
또한 모든 잔폭함을 극복하고 사형을 없앨 수 있다' 했는데,
옳도다! 이 말이여!"

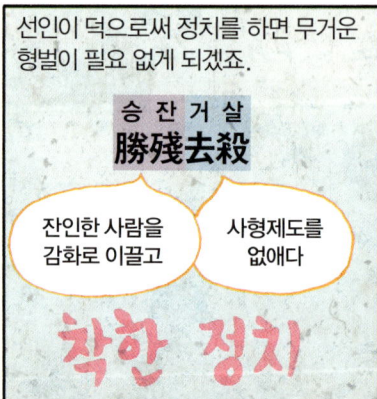

13-12 子曰:"如有王者, 必世而後仁."
자왈 여유왕자 필세이후인

공자께서 말씀하셨다.

"만약 왕자(王者)가 있다 하더라도 반드시 한 세대가 지난 후에야
백성들이 인(仁)하게 될 것이다."

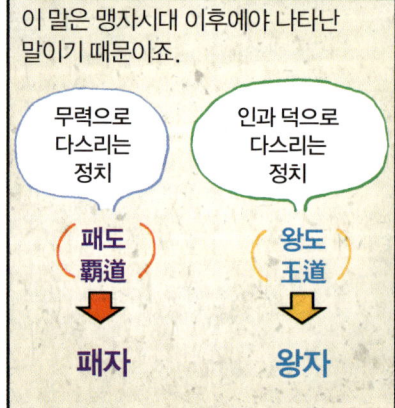

13-13 子曰: "苟正其身矣, 於從政乎何有? 不能正其身, 如正人何?"
자 왈   구 정 기 신 의   어 종 정 호 하 유   불 능 정 기 신   여 정 인 하

공자께서 말씀하셨다.

"다스리는 자가 그 몸을 바르게 한다면 정치를 하는 데 무슨
어려움이 있을까 보냐! 다스리는 자가 그 몸을 바르게 할 수 없다면
어떻게 타인을 바르게 할 수 있단 말인가!"

비슷한 말씀이 다른 곳에도 나왔고,

예와 겸양으로써
나라를 잘 다스린다면,
도대체 무슨 어려움이 있겠는가?
예와 겸양으로써 나라를
잘 다스리지 않는다면
도대체 예를 어찌할 것인가?
― [이인] 13

내용적으로는 앞의 6장과도 관련이 있습니다.

다스리는 자의 몸이 바르면
법령을 발하지 않아도
스스로 행하여지고,
그 몸이 바르지 못하면
법령을 발하여도
아무도 따르지 않는다.
― [자로] 6

〈대학〉의 수신(修身) 사상과도 관련 있어 보입니다.

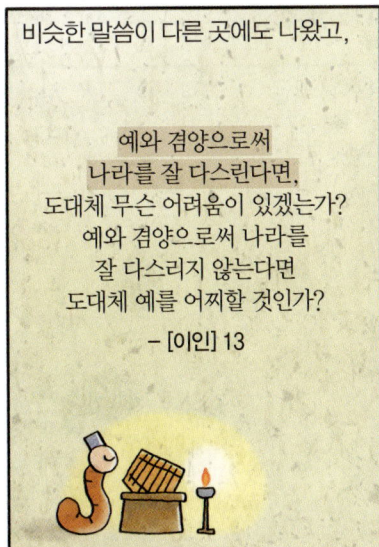

> **13-14** 冉子退朝. 子曰:"何晏也?" 對曰:"有政."
> 염자퇴조 자왈   하안야   대왈 유정
>
> 子曰:"其事也! 如有政, 雖不吾以, 吾其與聞之."
> 자왈 기사야 여유정 수불오이 오기여문지

염자(冉子)가 조정에서 물러나왔다.
공자께서 말씀하셨다.

"오늘은 왜 이렇게 늦었느냐?"

염자가 대답하여 말하였다.

"중요한 정무가 있었습니다."

이에 공자께서 말씀하셨다.

"중요한 정무이긴? 사사로운 일이었을 것이다! 만약 중요한 정무였다면, 비록 내가 벼슬의 자리에는 있지 않으나, 나에게 반드시 상의했을 것이다."

공자와 염자를 모두 자(子)로 부른 것으로 보아, 이 장은 염자의 문인들에 의해 만들어진 것으로 보이는데, 염자가 누구인지는 확실히 알 수 없습니다.

염옹과 염구, 둘 다 가능성이 있기 때문이죠.

염옹 冉雍 (중궁)   염구 冉求 (염유)

둘 다 공자보다 29세 연하

그러나 대체적인 상황으로 보아 염구로 해석했습니다.

뭔가 혼나는 분위기

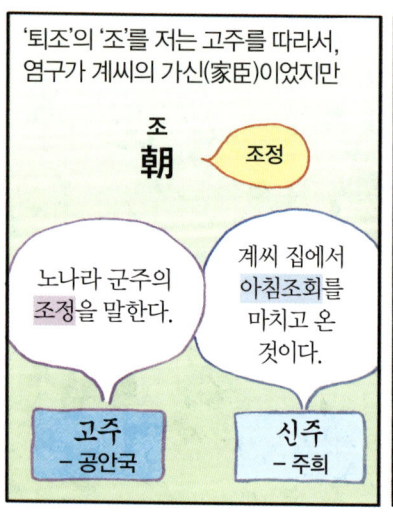

'퇴조'의 '조'를 저는 고주를 따라서, 염구가 계씨의 가신(家臣)이었지만

조 朝 → 조정

노나라 군주의 조정을 말한다.

계씨 집에서 아침조회를 마치고 온 것이다.

고주 - 공안국   신주 - 주희

애공의 조정에 불려간 특수한 상황으로 봅니다.

안 晏 → 늦다

왜 퇴근이 늦었니?   정치 업무를 보느라…

정政

귀로 후의 공자는 직접 나서진 않았지만 노나라 정치가 돌아가는 일은 다 알고 있었을 겁니다.

정치는 무슨? 계씨의 사적인 심부름을 했겠지.

사事

13-15 定公問: "一言而可以興邦, 有諸?"
정공문　일언이가이흥방　유저

孔子對曰: "言不可以若是其幾也! 人之言曰: '爲君難, 爲臣不易.'
공자대왈　언불가이약시기기야　인지언왈　위군난　위신불이

정공이 물었다.

"단 한마디로써 나라를 흥(興)하게 할 수도 있다 하니, 그러한 것이 있습니까?"

이에 공자께서 대답하여 말씀하셨다.

"인간의 말이라는 것이 그토록 효과를 낼 수 있는 것이 어디 있겠습니까마는, 한번 말씀드려 보지요. 사람들이 하는 말에 이런 말이 있습니다.

'임금 노릇 하기 어렵고, 신하 노릇 하기 쉽지 않다.'

如知爲君之難也, 不幾乎一言而興邦乎?" 曰: "一言而喪邦, 有諸?"
여지위군지난야　불기호일언이흥방호　　왈　일언이상방　유저

만약 당신께서 임금 노릇 하기 어렵다는 것을 아신다면, 이 한마디 말로도 나라를 흥하게 하는 데 거의 이르게 할 수 있지 않겠습니까?"

정공이 또 물었다.

"단 한마디로써 나라를 망(亡)하게 할 수도 있다 하니, 그러한 것이 있습니까?"

孔子對曰: "言不可以若是其幾也! 人之言曰: '予無樂乎爲君, 唯其言而莫予違也.'
공자대왈　언불가이약시기기야　인지언왈　여무락호위군　유기언이막여위야

如其善而莫之違也, 不亦善乎? 如不善而莫之違也, 不幾乎一言而喪邦乎?"
여기선이막지위야　불역선호　여불선이막지위야　불기호일언이상방호

이에 공자께서 대답하여 말씀하셨다.

"인간의 말이라는 것이 그토록 효과를 낼 수 있는 것이 어디 있겠습니까마는, 한번 말씀드려 보지요. 사람들이 하는 말에 이런 말이 있습니다.

'아~ 임금 되었다 하나 특별한 낙이 없노라. 단지 내 입에서 말이 떨어지면 아무도 나를 거스르려고 하지 않는 것이 즐겁도다!'

만약 당신의 말이 선하다면 거스르지 않아도 물론 좋겠지요. 그러나 당신의 말이 선하지 않고 아무도 거스르지 않을진댄, 이 한마디 말로도 나라를 망하게 하는 데 거의 이르게 할 수 있지 않겠습니까?"

13-16 葉公問政. 子曰：“近者說, 遠者來.”
섭 공 문 정　자 왈　　근 자 열　원 자 래

섭공이 정치를 여쭈었다.
이에 공자께서 말씀하셨다.

"가깝게 있는 백성들을 기쁘게 할 수 있으면,
먼 곳에 있는 백성들도 모여들겠지요."

13-17 子夏爲莒父宰, 問政. 子曰：“無欲速, 無見小利.
자 하 위 거 보 재　문 정　자 왈　　무 욕 속　무 견 소 리

欲速, 則不達；見小利, 則大事不成.”
욕 속　즉 부 달　　견 소 리　　즉 대 사 불 성

자하가 거보(莒父)의 읍재가 되어
공자께 정치를 여쭈었다.
이에 공자께서 말씀하셨다.

"속히 성과를 내려고 하지 말라. 작은 이익에 구애되지 말라.
속히 성과를 내려 하면 전체적으로 통달할 수 없고,
작은 이익에 구애되면 큰일을 이루지 못한다."

13-18 葉公語孔子曰:"吾黨有直躬者, 其父攘羊, 而子證之."
섭공어공자왈　오당유직궁자　기부양양　이자증지

孔子曰:"吾黨之直者異於是, 父爲子隱, 子爲父隱. 直在其中矣."
공자왈　오당지직자이어시　부위자은　자위부은　직재기중의

섭공이 공자에게 일러 말하였다.

"우리 무리 중에 대단히 곧은 인물이 있었습니다. 그 아버지가 양을 훔쳤는데, 아들인 그가 그것을 입증하여 유죄가 되었습니다."

이에 공자께서 말씀하셨다.

"우리 무리 중의 곧은 자는 당신네 곧은 자와는 다릅니다. 아버지가 아들을 위하여 숨겨주고, 아들은 아버지를 위하여 숨겨줍니다. 곧음이란 그 속에 있는 것이외다."

13-19 樊遲問仁. 子曰:"居處恭, 執事敬, 與人忠. 雖之夷狄,
번지문인 자왈 거처공 집사경 여인충 수지이적

不可棄也."
불가기야

번지가 인(仁)을 여쭈었다.
이에 공자께서 말씀하셨다.

"평소에 거처하는 모습이 공(恭)해야 하고, 일을 하는 모습은 경(敬)해야 하며, 사람을 사귀는 모습은 충(忠)해야 한다. 비록 이적(夷狄)의 나라에 간다 할지라도 이러한 자세를 버려서는 아니 된다."

일상적 삶에서는 자세를 바르게 하고

거처 居處 — daily life
공 恭 — 공손한 태도

사회적 행위, 일을 할 때는 최선을 다하고

집사 執事 — public work
경 敬 — 몸가짐을 조심스럽게 하여 받들다

인간관계에는 정성을 다해야 한다.

여인 與人 — human relationship
충 忠 — 우러나오는 마음으로

공자의 놀라운 국제 감각을 보여주는 장입니다.

이적 夷狄 — 오랑캐

오랑캐의 나라에 간다 해도 이러한 삶의 자세를 버려서는 안 된다.

중원 中原

공자는 자신이 살던 중원(中原) 중심의 편견에서 벗어난 가치관을 보여주고 있죠.

인간에 대한 도덕적 자세는 중원이나 이적이나 같은 잣대가 적용되어야 한다.

보편주의

20세기의 제국주의는 과연 이러한 보편주의를 조금이라도 갖고 있었을까요?

식민지 약탈

자로제십삼(子路第十三)

13-20 子貢問曰:"何如斯可謂之士矣?" 子曰:"行己有恥,
자공문왈 하여사가위지사의 자왈 행기유치

使於四方, 不辱君命, 可謂士矣."
사어사방 불욕군명 가위사의

자공이 여쭈어 말하였다.

"어떠해야 선비(士)라 일컬을 만합니까?"

이에 공자께서 말씀하셨다.

"자기의 행동에 대하여 수치를 느낄 줄 알며, 사방(四方)의 나라에 사신으로 나아가선 임금의 명(命)을 욕되게 하지 아니 하는 자, 그를 선비라 일컬을 만하니라."

曰:"敢問其次." 曰:"宗族稱孝焉, 鄕黨稱弟焉." 曰:"敢問其次."
왈 감문기차 왈 종족칭효언 향당칭제언 왈 감문기차

자공이 말하였다.

"그 다음가는 자격을 감히 묻겠나이다."

이에 공자께서 말씀하셨다.

"종족(宗族) 전체 사람들이 효성스럽다고 칭찬하며, 향당(鄕黨) 전체 사람들이 우애가 있다고 칭찬하는 사람일 것이다."

자공이 다시 말하였다.

"그 다음가는 자격을 감히 묻겠나이다."

曰:"言必信, 行必果, 硜硜然小人哉! 抑亦可以爲次矣."
왈 언필신 행필과 경경연소인재 억역가이위차의

曰:"今之從政者何如?" 子曰:"噫! 斗筲之人, 何足算也!"
왈 금지종정자하여 자왈 희 두소지인 하족산야

이에 공자께서 말씀하셨다.

"말에 반드시 신험(信驗)됨이 있고 행동에 반드시 구체적 결과가 있으며, 깐깐하기만 하여 좁은 소인(小人)처럼 보인다 해도, 그래도 또한 그 다음이 될 만하다."

자공이 또 여쭈었다.

"지금 정치에 종사하는 자들은 어떠합니까?"

이에 공자께서 말씀하셨다.

"아! 한두 됫박밖에 안 되는 그 인간들을 따져볼 건덕지나 있겠느냐?"

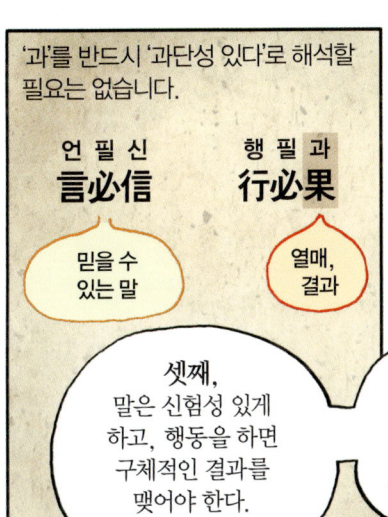

13-21 子曰:"不得中行而與之, 必也狂狷乎! 狂者進取,
자왈   부득중행이여지   필야광견호   광자진취

狷者有所不爲也."
견자유소불위야

공자께서 말씀하셨다.

"중도(中道)를 행(行)하는 선비와 더불어 같이 걸어갈 수 없다면, 나는 차라리 광자(狂者)나 견자(狷者)와 더불어 할 것이다. 광자는 진취적이고, 견자는 행하지 아니 하는 바가 확실한 사람들이다."

〈논어〉에서 제 인생의 길잡이로 삼은 말씀 중 하나입니다.

인간을 대할 때 저는 항상 이 장의 메시지를 가슴에 품었죠.

여기 중행이라는 말에는 중용의 뜻이 충분히 들어 있는데

중행 中行 〈논어〉[자로]편
중용 中庸 〈중용〉

같은 시대에 만들어졌을 수도…

현실적인 인간은 항상 과·불급이 있기 때문에 중용의 인간은 만나기 어렵죠.

과 過   불급 不及

그러나 공자 메시지의 위대함은 과·불급이라는 따분한 표현 대신 광·견을 사용했다는 데 있습니다.

과   불급
적극적 표현
광 狂   견 狷

현대사회는 '광인'을 감금해야 할 대상으로만 생각하는데

광인 狂人   미친 사람
정신병원

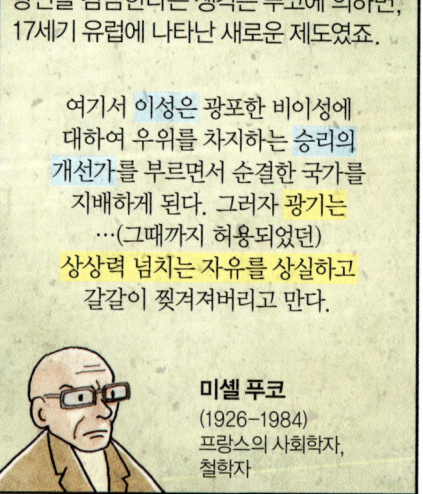

광인을 감금한다는 생각은 푸코에 의하면, 17세기 유럽에 나타난 새로운 제도였죠.

여기서 이성은 광포한 비이성에 대하여 우위를 차지하는 승리의 개선가를 부르면서 순결한 국가를 지배하게 된다. 그러자 광기는 …(그때까지 허용되었던) 상상력 넘치는 자유를 상실하고 갈갈이 찢겨져버리고 만다.

미셸 푸코
(1926-1984)
프랑스의 사회학자, 철학자

자로제십삼(子路第十三)

쵸파, 〈원피스〉

13-22 子曰:"南人有言曰:'人而無恆, 不可以作巫醫.' 善夫!
자왈   남인유언왈   인이무항   불가이작무의   선부

'不恆其德, 或承之羞.'" 子曰:"不占而已矣."
불항기덕 혹승지수   자왈 부점이이의

공자께서 말씀하셨다.

"남쪽나라 사람들 말에 이런 말이 있다:
'사람된 자가 항상된 마음이 없으면 무당을 해서도 아니 되고 의사가 되어서도 아니 된다.' 참으로 틀림없는 좋은 말이다. 〈역〉에도 이런 말이 있지 않나, '그 덕(德)을 항상되게 하지 못하면 사람들에게 받아들여지지 않아 수치를 당할 수도 있다.'"

이어 또 말씀하셨다.

"덕이 항상스럽지 못한 사람들은 점을 칠 수도 없다."

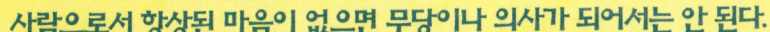
사람으로서 항상된 마음이 없으면 무당이나 의사가 되어서는 안 된다.

이 말은 현대사회에서도 참으로 명언이 아닐 수 없습니다.

저는 의사로서 의과대학에서 강의도 했고, 진료 경험도 있는데, 의사가 될 수 있는 첫째 조건이 바로 **항상된 마음**이라고 말할 수 있습니다.

항 恆
한결같은 마음

의사에게 항심(恒心)이 없으면 환자는 병이 더 심해집니다.

의사는 환자의 거울

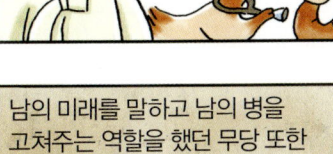
남의 미래를 말하고 남의 병을 고쳐주는 역할을 했던 무당 또한 마찬가지이죠.

남을 대신해 울고 웃으며 마음을 정화시키는 민간치료사

영화 〈만신〉 포스터

무당은 신령한 기운에 미칠 수 있다고 해서 되는 일이 아니고 항상된 마음이 있어야 하는 겁니다.

우리 시대의 위대한 만신

김금화
(1931~)

만신 : 무녀를 높여 이르는 말

만신 김금화를 만날 때마다 제가 느꼈던 것은 그녀의 항상된 삶의 자세입니다.

차분하기 그지없는 인격의 소유자였죠.

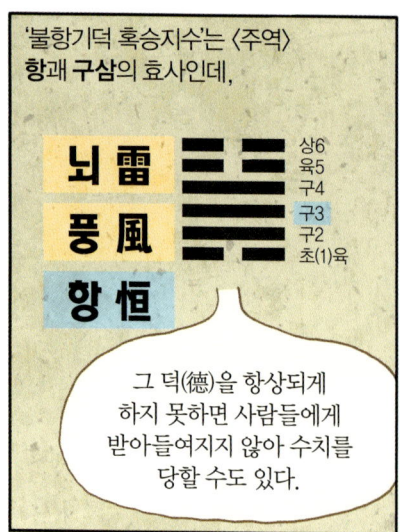

13-23 子曰: "君子和而不同, 小人同而不和."
자왈   군자화이부동   소인동이불화

공자께서 말씀하셨다.

"군자는 사람들과 조화를 이루며 살아가지만 동류로서 휩쓸리지는 않는다.
그러나 소인은 사람들과 동류로서 휩쓸리기만 할 뿐
오히려 조화를 이루지는 못한다."

13-24 子貢問曰:"鄉人皆好之, 何如?" 子曰:"未可也."
자공문왈 향인개호지 하여 자왈 미가야

자공이 여쭈어 말하였다.

"향인(鄉人) 전부가 한 사람을 다 좋아한다면 그 사람은 어떻습니까?"

이에 공자께서 말씀하셨다.

"그것으로는 부족하다."

"鄉人皆惡之, 何如?" 子曰:"未可也, 不如鄉人之善者好之,
향인개오지 하여 자왈 미가야 불여향인지선자호지

其不善者惡之."
기불선자오지

자공이 또 말하였다.

"그렇다면 향인 전부가 한 사람을 다 미워한다면, 그 사람은 어떻습니까?"

이에 공자께서 말씀하셨다.

"그것으로는 부족하다! 향인 중의 선한 사람들이 그를 좋아하고, 향인 중의 선하지 못한 사람들이 그를 미워하는 것만 같지 못하니라."

한 인간이 살아가는 그 사회의 구성원 전부에게 사랑을 받는다는 것은 **위선**이지만,

구성원 전부에게 혐오나 증오의 대상이 되는 것은 **타락**입니다.

정의로운 자들은 일부 불의한 자들의 **비난**을 받을 수밖에 없죠.

13-25 子曰: "君子易事而難說也. 說之不以道, 不說也;
자왈   군자이사이난열야   열지불이도   불열야

及其使人也, 器之.
급 기 사 인 야   기 지

공자께서 말씀하셨다.

"군자는 섬기기는 쉬워도, 그를 기쁘게 만들기는 어렵다.
도(道)로써 기쁘게 만들지 않으면 그는 결코 기쁘지
아니 하기 때문이다. 군자는 사람을 부리는 데 이르러서는
사람들의 그릇의 역량에 따라 자유롭게 부린다.

小人難事而易說也. 說之雖不以道, 說也; 及其使人也, 求備焉."
소인난사이이열야   열지수불이도   열야   급기사인야   구비언

그런데 소인은 섬기기는 어려워도 기쁘게 만들기는 쉽다.
기쁘게 만들기를 도(道)로써 하지 않아도 그들은 쉽게 기뻐하기
때문이다. 이런 소인들이 사람을 부리는 데 이르러서는 오히려
사람들이 완벽할 것을 요구한다."

자로제십삼(子路第十三)

13-26 子曰: "君子泰而不驕, 小人驕而不泰."
자왈　군자태이불교　소인교이불태

공자께서 말씀하셨다.　"군자는 태연(泰然)하되 교만하지 않고,
소인은 교만하면서 태연하지 못하다."

13-27 子曰: "剛、毅、木、訥, 近仁."
자왈　강　의　목　눌　근인

공자께서 말씀하셨다.

"강인하고, 굳세고, 질박하고, 어눌한 것은 인(仁)에 가깝다."

13-28 子路問曰:"何如斯可謂之士矣?"子曰:"切切偲偲,
자로문왈   하여사가위지사의   자왈   절절시시

怡怡如也, 可謂士矣. 朋友切切偲偲, 兄弟怡怡."
이이여야 가위사의 붕우절절시시 형제이이

자로가 여쭈어 말하였다.

"어떠해야 선비(士)라 일컬을 만합니까?"

공자께서 말씀하셨다.

"절절시시(切切偲偲)하게 서로를 책망할 줄 알고, 이이여(怡怡如)하게 서로를 화락하게 하면, 그를 선비라 일컬을 만하니라. 붕우에게 절절시시하게 하고, 형제에게 이이여하게 할지어다."

이 장의 질문은 앞서 나왔던 자공의 질문과 똑같은데,

어떻게 해야 선비라 일컬을 만합니까?

- [자로] 20

공자는 자로에게 친구와는 서로 잘못을 지적할 줄 알고

절 절 시 시
切切偲偲

절실한 마음으로 / 잘못을 꾸짖다

착하게 살자~

형제와는 사이좋게 어울려야 한다고 말해주고 있습니다.

이 이 여
怡怡如

사이좋고 즐거운

19장부터 여기 28장까지 사(士)와 군자(君子)의 문제가 집중적으로 나오다가

다음 마지막 두 장은 '전쟁'의 주제가 나오고 있습니다.

이것은 사(士)의 다른 면을 보여주고 있죠.

평상시 / 사士 / 전쟁시

육예를 공부하고 공무원 역할 / 전쟁을 수행하는 지휘관 역할

이들이 전쟁을 수행할 때 백성들을 어떻게 다루어야 하는가의 문제는 사군자(士君子)의 덕성에서 빼놓을 수 없는 문제였습니다.

13-29 子曰：“善人敎民七年, 亦可以卽戎矣.”
자왈   선인교민칠년   역가이즉융의

공자께서 말씀하셨다.

"선인(善人)이 백성을 7년 동안 잘 가르치면
그들로 하여금 전쟁터에 나아가게 할 수 있다."

이 장을 매우 반군사적으로 해석하기도 하지만,

백성을 가르친다는 것은, 그들에게 **효도와 공경과 충성**을 가르치고, **농사**에 힘쓰고 **무예**를 연마하는 방법을 가르치는 것이다.
— 〈주자집주〉

여기서 '가르침'이란 구체적인 군사교육을 말합니다.

전쟁을 준비하려면 최소한 7년간의 교육 시간이 필요하다는 것이죠.

융 戎 — 전쟁터

그러기 위해서는 완벽한 지도자가 필요한데

선인 善人

무술훈련 / 정신무장

'선인'은 단순한 덕성의 소유자가 아니라 **육예**를 마스터한 사람이어야 합니다.

사射 어御 악樂 서書 예禮 수數

마스터 요다, 〈스타워즈〉

고대 그리스의 **아레테**와 연관지어 생각해볼 수도 있습니다.

전인교육을 통해 **아레테(ἀρετή) 추구**

탁월함 / 철학 / 음악 / 수학 / 체육

13-30 子曰: "以不教民戰, 是謂棄之."
자왈 이불교민전 시위기지

공자께서 말씀하셨다.

"백성들을 가르치지 아니 하고 전쟁터에 내보내는 것은
백성들을 내다버리는 짓이라 일컫는다."

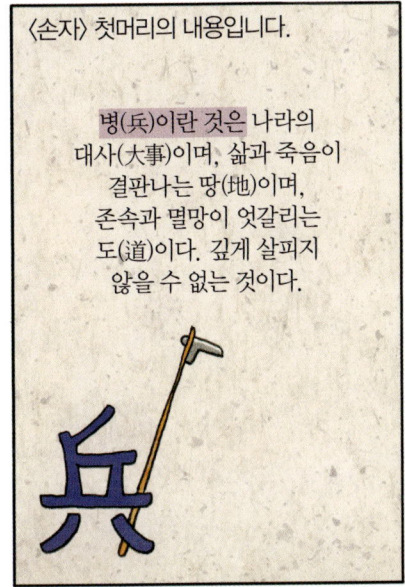

헌문제십사(憲問第十四)

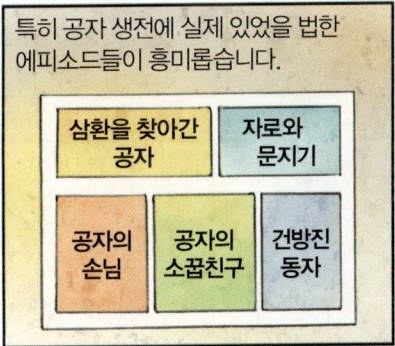

14-1 憲問恥. 子曰:"邦有道穀, 邦無道穀, 恥也."
헌문치 자왈 방유도곡 방무도곡 치야

헌(憲: 원헌)이 치욕을 여쭈었다.
이에 공자께서 말씀하셨다.

"나라에 도가 있을 때 봉급을 받으면 정당하다.
그러나 나라에 도가 없는데 봉급을 받는 것은 치욕이다."

14-2

> "克、伐、怨、欲, 不行焉, 可以爲仁矣?"
> 극 벌 원 욕 불행언 가이위인의
>
> 子曰: "可以爲難矣, 仁則吾不知也."
> 자왈 가이위난의 인즉오부지야

원헌이 또 여쭈었다.

"남을 이기기를 좋아하고, 자기 공을 자랑하며, 사소한 일에 한을 품으며, 끊임없이 탐욕하는 짓을 행하지 아니 하면 인(仁)하다 말할 수 있겠나이까?"

이에 공자께서 말씀하셨다.

"실천하기 어렵다고는 말할 수 있겠으나, 그것만으로 인(仁)한지는 알지 못하겠노라."

14-3

> 子曰: "士而懷居, 不足以爲士矣."
> 자왈 사이회거 부족이위사의

공자께서 말씀하셨다. "선비랍시고 익숙한 생활환경에 안주하기만을 바라는 자는 선비라 할 수 없다."

헌문제십사(憲問第十四)

14-4 子曰:"邦有道, 危言危行; 邦無道, 危行言孫."
자왈 　 방유도 　 위언위행 　 방무도 　 위행언손

공자께서 말씀하셨다. "나라에 도(道)가 있을 때는 말을 높게 하고 행동도 높게 해야 한다. 그러나 나라에 도(道)가 없을 때는 행동은 높게 해야 하지만 말은 낮게 해야 한다."

신주의 해석이 명료합니다.

높고 험하다 　 낮고 순하다
위 행 　 언 손
危行 　 言孫

군자의 몸가짐은 변해서는 안 되지만 말에 이르러서는 때로는 감히 다하지 않음으로써 화를 피하기도 한다.
- 〈주자집주〉

필화(筆禍) : 집권세력을 비판한 글 때문에 처벌되는 일

14-5 子曰:"有德者必有言, 有言者不必有德. 仁者必有勇, 勇者不必有仁."
자왈 　 유덕자필유언 　 유언자불필유덕 　 인자필유용
용자불필유인

공자께서 말씀하셨다.

"덕이 있는 자는 반드시 훌륭한 말을 하거니와, 훌륭한 말을 하는 자라고 해서 반드시 덕이 있는 것은 아니다. 인(仁)한 자는 반드시 용기가 있거니와, 용기가 있는 자라고 해서 반드시 인(仁)한 것은 아니다."

14-6 南宮适問於孔子曰:"羿善射, 奡盪舟, 俱不得其死.
남궁괄문어공자왈   예선사   오탕주   구부득기사

然禹稷躬稼而有天下." 夫子不答.
연우직궁가이유천하   부자부답

남궁괄(南宮适)이 공자께 여쭈어 말하였다.

"예(羿)는 활을 잘 쏘았고, 오(奡)는 힘이 장사라서
육지에서도 배를 끌고 다녔지만, 모두 제명에 죽지를 못하였습니다.
그러나 우(禹)와 직(稷)은 몸소 농사를 지었는데도 천하를 소유하셨습니다."

공자께서 묵묵부답하셨다.

南宮适出, 子曰:"君子哉若人! 尙德哉若人!"
남궁괄출   자왈   군자재약인   상덕재약인

남궁괄이 밖으로 나가자, 공자께서 말씀하셨다.

"군자로다! 이 사람이여.
덕을 숭상하는구나! 이 사람이여!"

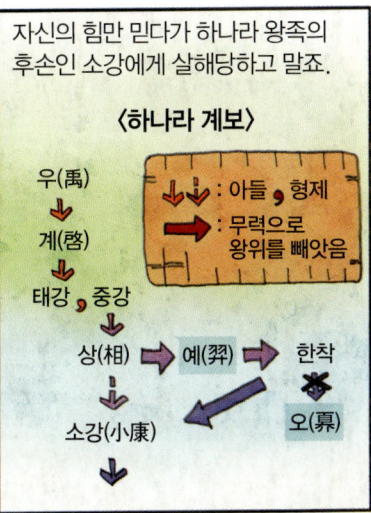

14-7 子曰: "君子而不仁者有矣夫! 未有小人而仁者也!"
자왈 군자이불인자유의부 미유소인이인자야

공자께서 말씀하셨다. "군자이면서 인(仁)하지 못한 사람은 있을 수 있지만, 소인으로서 인(仁)한 사람은 있을 수 없다."

14-8 子曰: "愛之, 能勿勞乎? 忠焉, 能勿誨乎?"
자왈 애지 능물로호 충언 능물회호

공자께서 말씀하셨다. "누구를 사랑할진대 그를 위하여 수고하지 않을 수 있겠는가? 누구를 충심으로 대할진대 그에게 진실한 가르침을 베풀지 않을 수 있겠는가?"

14-9 子曰: "爲命, 裨諶草創之, 世叔討論之, 行人子羽脩飾之, 東里子産潤色之."
자왈 위명 비침초창지 세숙토론지 행인자우수식지
동리자산윤색지

공자께서 말씀하셨다.

"정(鄭)나라에서는 국민들에게 반포하는 포고문을 만들 때에
신중을 기하였다. 비침(裨諶)이 초고를 만들었고,
세숙(世叔)이 검토하였고, 행인(行人) 자우(子羽)가 문장을 고쳤고,
동리(東里) 자산(子産)이 포고문을 아름답게 다듬었다."

14-10 或問子産. 子曰: "惠人也." 問子西. 曰: "彼哉! 彼哉!"
혹문자산　자왈　혜인야　문자서　왈　피재　피재

혹자가 자산(子産)을 여쭈었다.
이에 공자께서 말씀하셨다.

"백성을 사랑하는 사람이었다."

또 자서(子西)를 여쭈었다.
이에 공자께서는 씁쓸한 듯 말씀하셨다.

"그 사람은… 그 사람은…"

問管仲. 曰: "人也. 奪伯氏騈邑三百, 飯疏食, 沒齒無怨言."
문 관 중　왈　인 야　탈백씨병읍삼백　반 소 사　몰 치 무 원 언

또 관중(管仲)을 여쭈었다.
이에 공자께서 말씀하셨다.

"인물이다. 관중은 백씨(伯氏)가 잘못을 저질러
그의 영지 병읍(騈邑) 삼백 호를 빼앗아버렸는데도,
백씨는 거친 밥을 먹으면서도 죽을 때까지
그를 원망하는 말을 입에 담지 않았다."

공자의 숨결이 그대로 느껴지는 정치평론의 말씀입니다.

공자가 첫 번째로 평한 자산은 공자가 가슴속 깊이 존경하는 인물이었죠.

이름 : 공손교
자(字) : 자산

정(鄭)나라의 재상

자산은 지금의 하남성 정저우(鄭州)시를 수도로 하는 작은 제후국 정나라의 수상이었는데

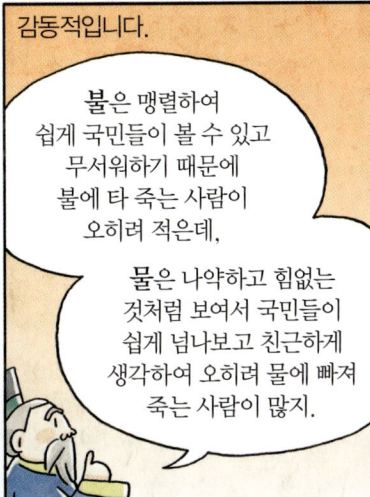

14-11

子曰："貧而無怨, 難; 富而無驕, 易."
자 왈 빈이무원 난 부이무교 이

공자께서 말씀하셨다.

"가난하면서 원망이 없기는 어렵고, 부자이면서 교만이 없기는 쉽다."

[학이] 15와 비교해보면, 보다 절실하고 구체적입니다.

- 가난하지만 아첨하지 않고, 부유하지만 교만하지 않으면 어떻습니까?
- 가난하면서도 즐길 줄 알고, 부유하면서도 예를 좋아하는 것만은 못하지.

가난한 상태에 대한 깊은 연민이 있죠.

나만 왜…

앞 장에 나온 백씨에 대한 부연 설명으로 볼 수도 있습니다.

죽는 날까지 원망의 말을 하지 않았다

14-12

子曰："孟公綽, 爲趙魏老則優, 不可以爲滕薛大夫."
자 왈 맹 공 작 위조위로즉우 불 가 이 위 등 설 대 부

공자께서 말씀하셨다.
"맹공작(孟公綽)은 조(趙)나라나 위(魏)나라와 같은 강대국의 가로(家老)가 되면 뛰어난 품성을 발휘할 것이다. 그러나 등(滕)나라나 설(薛)나라와 같은 빈소국의 대부가 되어서는 아니 될 사람이다."

맹공작은 공자가 존경한 노나라의 대부였죠.

재물을 탐하는 마음이 없는 청렴한 분~

그런데 욕심 없는 사람은 크고 넉넉한 나라에서는 훌륭한 지도자가 될 수 있지만

큰돈이 왔다갔다 해도
욕심 없이 진행

규모가 작은 나라를 이끌기에는 그 역량이 좀 아깝다는 말씀입니다.

휑~

14-13

子路問成人. 子曰: "若臧武仲之知, 公綽之不欲, 卞莊子之勇,
자로문성인　자왈　　약장무중지지　　공작지불욕　　변장자지용

冉求之藝, 文之以禮樂, 亦可以爲成人矣."
염구지예　문지이예악　역가이위성인의

자로(子路)가 완성된 인간(成人)에 관하여 여쭈었다.
이에 공자께서 말씀하셨다.

"만약 장무중(臧武仲)의 지혜와 맹공작(孟公綽)의 무욕과
변장자(卞莊子)의 용기와 염구(冉求)의 재예(才藝)를 갖추고
그 위에 예악으로써 문채(文采)를 발하게 한다면
또한 완성된 인간이라 말할 수 있을 것이다."

曰: "今之成人者, 何必然? 見利思義, 見危授命,
왈　　금지성인자　　하필연　　견리사의　　견위수명

久要不忘平生之言, 亦可以爲成人矣."
구요불망평생지언　역가이위성인의

다시 말씀하셨다.

"요즈음의 감각으로 완성된 인간이라 한다면
어찌 굳이 꼭 그래야 할 것까지야 있겠는가?
이(利)를 보면 의(義)를 생각하고, 위태로움을 보면 목숨을 던질 수도 있으며,
곤궁한 세월을 오래 견디면서도 평소의 약속을 저버리지 않는 자는
또한 완성된 인간이라고 말할 수 있을 것이다."

자로가 성인에 대해 묻자 공자는 장무중과

장무중의 지혜

지知

다음다음 장에 출연할 노나라 대부

맹공작, 그리고

맹공작의 무욕

불욕不欲

바로 앞 장에 출연한 노나라 대부

변장자와 염구를 예로 듭니다.

변장자의 용기,　염구의 재예

용勇　　예藝

호랑이 두 마리를 한칼에 해치웠다는 노나라 대부

14-14 子問公叔文子於公明賈,
자문공숙문자어공명가

曰: "信乎? 夫子不言不笑不取乎?"
왈 　신호　 부자불언불소불취호

공자께서 위나라 대부 공숙문자(公叔文子)의 인품에 관해
위나라 사람 공명가(公明賈)에게 물어 말씀하셨다.

"참말입니까? 공숙문자, 그분은 말씀도 하지 않으시고,
웃지도 않으시고, 물건을 취하지도 않으신다는데 그게 참말입니까?

公明賈對曰: "以告者過也! 夫子時然後言, 人不厭其言;
공명가대왈　　이고자과야　부자시연후언　인불염기언

樂然後笑, 人不厭其笑; 義然後取, 人不厭其取."
낙연후소　인불염기소　의연후취　인불염기취

이에 공명가가 대답하여 말하였다.

"선생님께 말씀드린 사람이 좀 뻥이 셌군요. 그분께서는 마땅한 때를
만난 후에나 말씀하시기 때문에 사람들이 그 말을 싫어하지를 않습니다.
또한 마땅히 즐거운 후에나 웃으시기 때문에 사람들이
그 웃음을 싫어하지를 않습니다.
또한 의(義)에 합당한 물건인 연후에나 취하시기 때문에
사람들이 그 취함을 싫어하지를 않습니다."

子曰: "其然! 豈其然乎?"
자왈　 기연　 기기연호

이에 공자께서 말씀하셨다.

"그럴까? 과연 그 사람이 그 수준에 이른 사람일까?"

14-15 子曰:"臧武仲以防, 求爲後於魯, 雖曰不要君, 吾不信也."
자 왈 장무중이방 구위후어로 수왈불요군 오불신야

공자께서 말씀하셨다.

"노나라의 대부 장무중(臧武仲)은 망명길에도 방읍(防邑)을 거점으로 삼아, 자신이 떠난 후에도 노나라에 자기의 후계자를 세워줄 것을 요구하였으니, 비록 임금을 협박하지 않았다고 말하나 나는 그것을 믿지 않는다."

장무중은 노나라의 방읍(防邑)을 다스리던 대부였는데
이름: 장손흘
전전 장에 나왔었죠?

맹손씨와 계손씨가 다투는 와중에 주(邾)나라로 망명합니다.
고래 싸움에 새우등~~!!!
장무중
깩~

그런데 당시는 망명을 가게 되면 그 땅은 국가로 환수되고 후사도 이을 수 없었죠.
아차차, 사당을 옮길 수도 없고…
노魯
방읍
제사는 계속돼야 하는데.

장무중은 다시 돌아와 방읍을 점령하고는 임금을 협박했고
대를 잇게 해주면 방읍을 바치겠으나 아닐 경우 반란을 일으키겠나이다!

결국 그의 이복 형이 후사를 잇는 조건으로 사태는 수습되고 장무중은 다시 달아났죠.
제사를 부탁해요!
장위

이것은 공자가 태어난 이듬해의 사건이었습니다.
속사정이 어찌 됐든 군주를 협박한 장무중의 행동을 공자는 신하가 지켜야 할 도리에서 벗어났다고 보았죠.

14-16

子曰: "晉文公譎而不正, 齊桓公正而不譎."
자왈 진문공휼이부정 제환공정이불휼

공자께서 말씀하셨다.

"진문공(晉文公: 중이重耳)은 권도(權道)에는 강했으나 정도(正道)에는 약했고, 제환공(齊桓公: 소백小白)은 정도(正道)에는 강했으나 권도(權道)에는 약했다."

공자보다 약 150년 전 이전의 정치 판세를 평하는 공자의 말씀입니다.

춘추시대의 다섯 패자 중 대표적인 두 제후를 평하고 있죠.

춘추오패

그런데 공자가 두 패자를 평가한 '휼譎'을 고주, 신주 모두 '속인다'로 풀이하는 바람에 그동안 환공과 문공은 각각 다르게 평가되어 왔습니다.

제환공: 바르고(정) 남을 속이지 않는(불휼) 성격?

진문공: 남을 속이고(휼) 바르지 않은(부정) 성격?

재위 기간 BC 685 ─ 643 636 628

그러다 청나라 유학자들이 '휼'을 '권'의 의미로 해석하면서 본 장의 의미가 제자리를 찾게 되었죠.

휼 = 권
譎 = 權

진문공과 제환공의 각각 다른 능력을 말씀하신 것이다.

청清

기나긴 방랑 끝에 임금의 자리에 오른 진문공은 역시 '권'에 강하다 할 것이고,

권 權 — 상황에 대처하는 능력

43세부터 자신을 위장하고 거지 생활

62세에 드디어 진나라 왕위에 오르다!

인간승리

자신에게 독화살 쏜 관중을 재상으로 삼은 환공은 역시 '정'에 강하다고 해야 할 겁니다.

정 正 — 원칙을 지키는 태도

나를 쏜 원수지만 대의를 위해 재상으로 삼는다!

14-17 子路曰: "桓公殺公子糾, 召忽死之, 管仲不死. 曰未仁乎?"
자로왈   환공살공자규   소홀사지   관중불사   왈미인호

자로가 여쭈었다.

"제나라의 임금이 된 환공(桓公)이 라이벌 공자 규(公子 糾)를 죽이자,
그를 모시던 소홀(召忽)은 같이 순직하였는데, 관중(管仲)은 살아남았으니,
관중이야말로 인(仁)하지 못하다 말해야 할 것 아닙니까?"

子曰: "桓公九合諸侯, 不以兵車, 管仲之力也. 如其仁! 如其仁!"
자왈   환공구합제후   불이병거   관중지력야   여기인   여기인

이에 공자께서 말씀하셨다.

"환공은 제후들을 아홉 번이나 규합시키면서도 병거(兵車)를 쓰지 않았으니
이는 관중의 역량이다. 누가 과연 관중의 인(仁)함에 미치겠는가?
누가 과연 관중의 인(仁)함에 미치겠는가!"

관중을 이야기할 때는 포숙과의 우정을 빼놓을 수 없죠.

관포지교
管鮑之交

젊은 날, 관중과 포숙은 함께 시장에서 생선장사를 했는데,

절인 생선
포鮑
어릴 적 이름은
관이오   포숙아
어서 옵쇼~

장사가 끝나면 관중은 포숙보다 두 배 더 많은 돈을 가지고 돌아갔죠.

이오는 가난하고 식구가 많으니 돈을 더 가져가는 게 당연하죠.

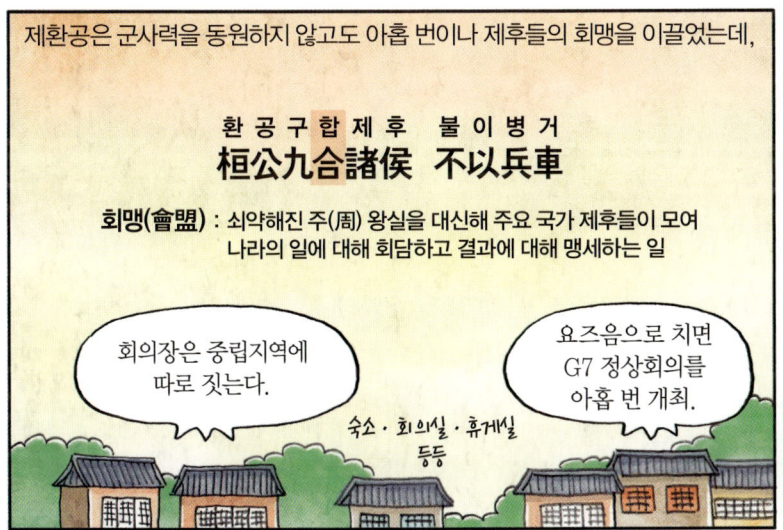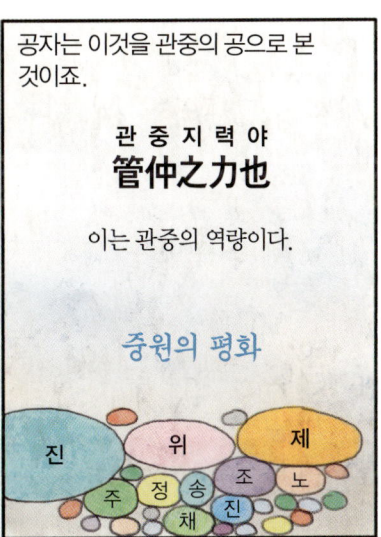

14-18 子貢曰: "管仲非仁者與? 桓公殺公子糾, 不能死, 又相之."
자공왈 관중비인자여 환공살공자규 불능사 우상지

자공이 여쭈었다.

"관중(管仲)은 인자(仁者)가 아닐 것입니다.
환공(桓公)이 자기의 주군 규(糾)를 죽였는데도, 같이 죽기는커녕,
환공 밑에서 재상 노릇을 하다니요."

子曰: "管仲相桓公, 霸諸侯, 一匡天下, 民到于今受其賜.
자왈 관중상환공 패제후 일광천하 민도우금수기사

微管仲, 吾其被髮左衽矣!
미관중 오기피발좌임의

이에 공자께서 말씀하셨다.

"관중이 환공을 도와 제후들의 패자가 되게 하여, 천하를 크게 한 번
바로잡으니, 중원의 백성들이 오늘에 이르기까지 그의 은혜를 입고 있다.
관중이 없었더라면 우리는 지금 상투 없이 머리를 풀어헤치고
옷깃을 왼쪽으로 덮어 매는 좌임(左衽)을 하고 있을 것이다.

豈若匹夫匹婦之爲諒也, 自經於溝瀆, 而莫之知也!"
기약필부필부지위량야 자경어구독 이막지지야

어찌 필부(匹夫)·필부(匹婦)들이 조그마한 신의를 위해
자신의 결백을 입증코자 작은 도랑가에서 스스로 목매달아 죽어도
아무도 거들떠보지도 아니 하는 상황에 견주어 말할 수 있겠느뇨?"

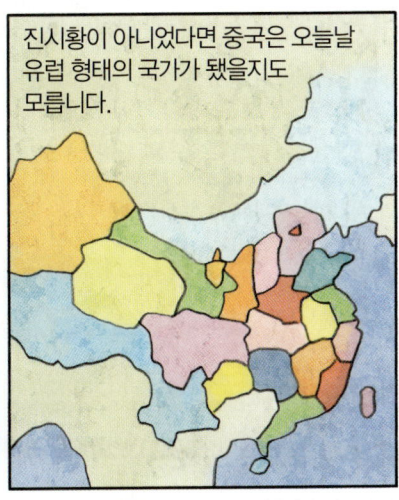

헌문제십사(憲問第十四)

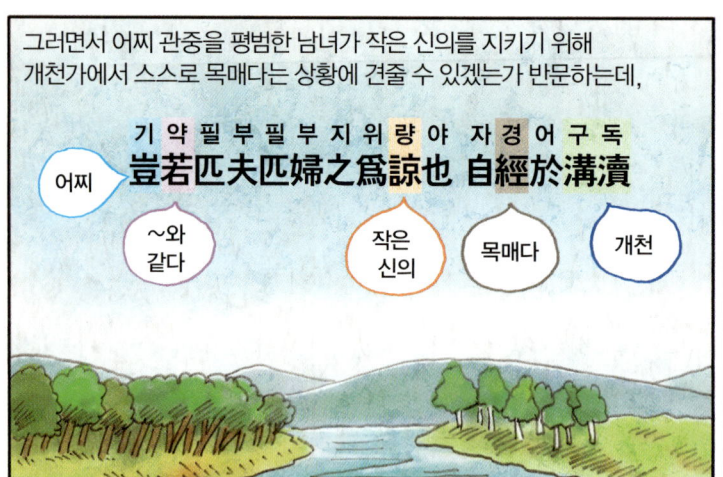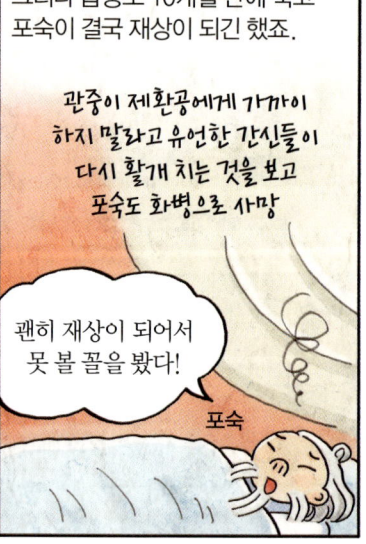

14-19

公叔文子之臣大夫僎, 與文子同升諸公. 子聞之,
공숙문자지신대부선 여문자동승저공 자문지

曰: "可以爲文矣."
왈 가이위문의

공숙문자(公叔文子)의 가신인 대부 선(僎)이 공숙문자의 추천으로
그와 함께 국가 조정의 최고직에 올랐다.
공자께서 이를 들으시고 공숙문자를 칭찬하여 말씀하셨다.

"시호를 문(文)이라 할 만하다."

공숙문자는 앞의 14장에 나왔던 위나라 대부입니다.
이름 : 공손발
그럴까? 과연 그런 수준에 이른 사람일까?

아까는 공자가 공숙문자에 대해 듣고 반신반의했지만 이번에는 마음 놓고 칭찬을 하고 있네요.
~의
동 승 저 공
同升諸公
제후
제후의 조정에 함께 오르다.

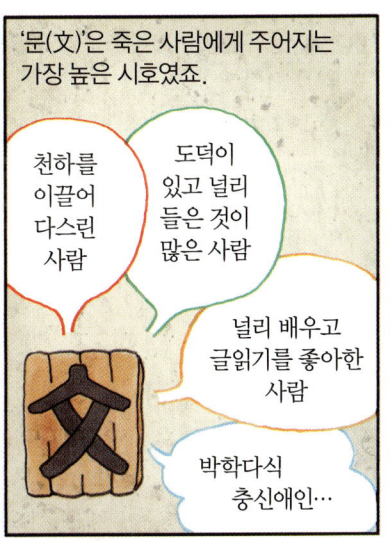

'문(文)'은 죽은 사람에게 주어지는 가장 높은 시호였죠.
천하를 이끌어 다스린 사람
도덕이 있고 널리 들은 것이 많은 사람
널리 배우고 글읽기를 좋아한 사람
박학다식 충신애인…

14-20

子言衛靈公之無道也, 康子曰: "夫如是, 奚而不喪?"
자언위령공지무도야 강자왈 부여시 해이불상

공자께서 위나라 영공(衛靈公)의 무도함을 말씀하시자,
계강자가 여쭈었다.

"그토록 무도한데도 어찌하여 그 자리를
잃지 아니 하였습니까?"

孔子曰: "仲叔圉治賓客, 祝鮀治宗廟, 王孫賈治軍旅. 夫如是, 奚其喪?"
공자왈   중숙어치빈객   축타치종묘   왕손가치군려   부여시   해기상

이에 공자께서 말씀하셨다.

"중숙어(仲叔圉)는 외국의 사신으로 온 빈객을 잘 다스리고,
축타(祝鮀)는 종묘를 잘 다스리고,
왕손가(王孫賈)는 군대를 잘 다스린다.
이와 같이 유능한 신하들이 잘 버티고 있는데
어찌 그 자리를 잃겠는가?"

14-21 子曰: "其言之不怍, 則爲之也難."
자왈 　　기언지부작, 　즉위지야난

공자께서 말씀하셨다.

"그 말을 부끄럼 없이 확실하게 하는 사람은,
그 말을 실천하는 것도 매우 어렵다는 것을 잘 알고 있다."

신주는 이 장을 이렇게 풀이하지만

큰소리 치고도 부끄러워하지 않는다면 그 말을 실천하기는 더욱 어렵다.
- 주자

저는 고주가 더 본래의 뜻에 가깝다고 생각합니다.

기 언 지 부 작
其言之不怍　　부끄러워하다

그 말에 부끄러움이 없으면
(그 행하는 것도 어려운 듯이 신중하게 한다)

꼭 지킬 수 있는 것만 말하겠소.

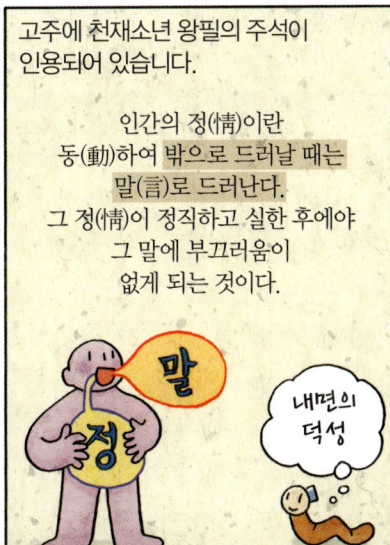

고주에 천재소년 왕필의 주석이 인용되어 있습니다.

인간의 정(情)이란 동(動)하여 밖으로 드러날 때는 말(言)로 드러난다.
그 정(情)이 정직하고 실한 후에야 그 말에 부끄러움이 없게 되는 것이다.

14-22 陳成子弒簡公. 孔子沐浴而朝, 告於哀公曰: "陳恒弒其君,
진성자시간공　　공자목욕이조　　고어애공왈　　진항시기군,

請討之." 公曰: "告夫三子!"
청토지　　공왈　　고부삼자

제나라의 가로 진성자(陳成子)가
제나라의 임금 간공(簡公)을 시해하였다.
이에 공자께서 목욕재계하시고 조정에
나아가 애공(哀公)에게 아뢰었다.

애공이 말하였다.

"진항(陳恒: 진성자의 이름)이 그의 군주를
시해하였사오니, 그를 토벌하시옵소서."

"저 삼환의 실권자들에게
고(告)하시오."

孔子曰: "以吾從大夫之後, 不敢不告也. 君曰 '告夫三子'者!"
공자왈   이오종대부지후   불감불고야   군왈   고부삼자 자

之三子告, 不可. 孔子曰: "以吾從大夫之後, 不敢不告也."
지 삼자고   불가   공자왈   이오종대부지후   불감불고야

이에 공자께서 말씀하셨다.

"나도 대부들과 같이 노니는 중신(重臣)인 셈이라 감히 아뢰지 않을 수 없었는데, 임금께서는 저 삼환에게 고하라고 말씀하시는구나."

공자는 삼환에게 차례로 찾아가 고하였다. 모두 불가(不可)하다고 답하였다.

이에 공자께서 말씀하셨다.

"나도 대부들과 같이 노니는 중신인 셈이라 그들에게 고하지 않을 수 없었노라."

이것은 공자가 죽기 바로 전전 해인 BC 481년, 애공 14년에 있었던 사건입니다. 〈춘추〉와 〈좌전〉에도 자세히 기록되어 있죠.

진성자는 제나라의 대부였는데,

陳成子弑簡公
시해하다
이름: 진항
전성자(田成子)로도 불림

군주인 간공을 시해한 뒤 권력을 휘둘렀습니다.

내가 다 알아서 할 테니 가만히 앉아만 계시오.

간공의 동생 평공(平公)

결국 백 년 후에는 그의 손자 전화가 제나라의 임금에 오르게 되니,

강태공의 후손   전화(田和)

전씨천하

거기서 강씨 제사나 지내고 사슈~

그래도 문명의 질서가 남아 있던 춘추시대의 끝을 알리는 상징적 사건이 터졌던 것이죠.

제나라 임금이 살해당하는 충격적 사건이...

속보

이 사건을 대하는 공자의 태도는 단호했습니다.

새벽같이 일어나 목욕재계 한 후 조정에 나아가…

14-23 子路問事君. 子曰:"勿欺也, 而犯之."
자로문사군　자왈　　물기야　　이범지

자로(子路)가 임금 섬기는 것을 여쭈었다.
이에 공자께서 말씀하셨다.

"진심을 다하고 속이지 말라.
그리고 잘못하면 맞대놓고 간(諫)하라."

〈예기〉[단궁]에 이런 말이 나오는데

부모를 섬기는 데는
숨기는 일(隱)은 있을 수
있어도 범(犯)하는 일은 없고

부모와 임금은 섬기는 법이
다릅니다.

임금을 섬기는 데는
범(犯)하는 일은 있어도
숨기는 일(隱)은 없다.

'범犯'이란 정면으로, 공격적으로 간쟁하는 것이죠.

간쟁 諫爭 — 잘못을 고치도록 간절히 말함

통촉하소서 (깊이 헤아려 주세요)

들어줄 때까지~

14-24 子曰: "君子上達, 小人下達."
자왈　　군자상달　　소인하달

공자께서 말씀하셨다. "군자는 상달(上達)하고, 소인은 하달(下達)한다."

군자와 소인을 너무 격리시켜 놓아
공자의 말로 보기 어렵습니다.

고매한 세계에 통달…

VS

사소하고 저속한 세계에 통달?

오히려 이런 말이 공자의 세계를 여실히 보여주고 있죠.

하 학 이 상 달
下學而上達

비천한 데서 배워
지고의 경지에 이르다.
— [헌문] 37

군자와 소인은 움직이는 거야~

이 장의 말씀은
군자와 소인의 대체적인
경향성만을 지적한
것으로 보입니다.

14-25 子曰: "古之學者爲己, 今之學者爲人."
자왈 　 고지학자위기 　 금지학자위인

공자께서 말씀하셨다.

"옛날에 배우는 자들은 자기를 위하여 배웠고,
지금의 배우는 자들은 남을 위하여 배운다."

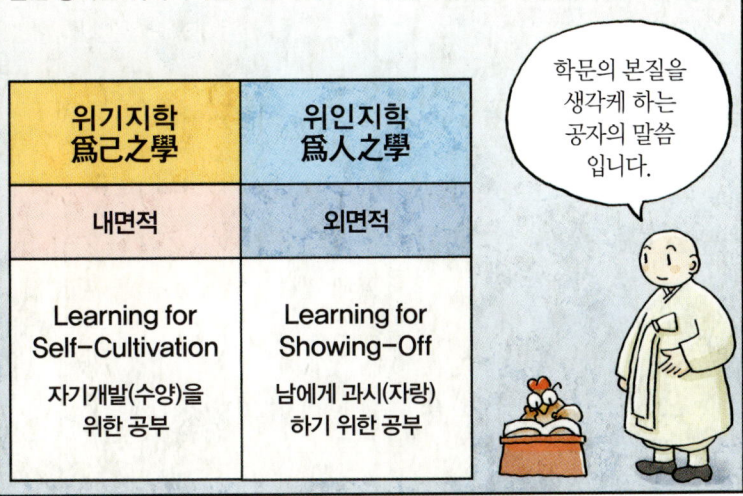

헌문제십사(憲問第十四)

14-26 蘧伯玉使人於孔子. 孔子與之坐而問焉, 曰: "夫子何爲?"
거 백 옥 사 인 어 공 자   공 자 여 지 좌 이 문 언   왈   부 자 하 위

위나라의 대부 거백옥(蘧伯玉)이 사람을 보내어 공자께 문안드렸다.
공자께서는 그에게 방석을 주며 앉으라 하시고 물으셨다.

"요즈음 부자(夫子)께서는 어떻게 지내시나?"

對曰: "夫子欲寡其過而未能也." 使者出. 子曰: "使乎! 使乎!"
대 왈   부 자 욕 과 기 과 이 미 능 야   사 자 출   자 왈   사 호   사 호

이에 사자(使者)가 대답하여 말씀드렸다.

"저희 부자께서는 허물을 적게 하려고 노력하시지만 아직도 능치 못하십니다."

사자가 나가자, 공자께서 말씀하셨다.

"아~ 정말 훌륭한 사자이로구나! 훌륭한 사자이로구나!"

거백옥은 공자가 존경했던 위나라의 대부였습니다.

이름: 거원

공자가 위나라에 있을 때 거백옥의 집에 머물렀던 적도 있죠.

사마천이 꼽은 공자가 존경했던 인물에도 들어가 있죠.

공자가 존경한 인물로는

주나라의 노자
위나라의 거백옥
제나라의 안평중(안영)
초나라의 노래자
정나라의 자산
노나라의 맹공작이 있다.
— 〈사기〉

'부자'는 공자의 제자들이 공자를 높여 부른 것처럼 공자가 거백옥을 높여 부른 말입니다.

부자(夫子)께서는 잘 지내시죠?

14-27 子曰:"不在其位, 不謀其政."
자 왈   부 재 기 위   불 모 기 정

공자께서 말씀하셨다.

"정확한 벼슬자리에 있지 않으면
정사를 도모하지 않는다."

[태백] 14에도 나왔던 말이죠.

지위가 없는 상태에서 어정쩡하게 기웃거리는 일은 하지 않는다.

나를 쓰고 싶다면 나에게 정확한 지위(位)를 달라!

14-28 曾子曰:"君子思不出其位."
증 자 왈   군 자 사 불 출 기 위

증자가 말하였다.

"군자는 생각이 머물러야 할 자리에 머물러
그 분수를 넘어가지 않는다."

바로 위(27장) 공자의 말에 대한 증자의 해설처럼 보입니다.

천하가 안정되려면 군신(君臣), 상하(上下), 대소(大小)가 모두 제자리를 지켜야 한다는 정도의 뜻이죠.

14-29 子曰:"君子恥其言而過其行."
자 왈   군 자 치 기 언 이 과 기 행

공자께서 말씀하셨다.

"군자는 그 말이 그 행동보다 과대한 것을
부끄럽게 여긴다."

옛사람들이 말을 함부로 내지 않는 것은, 몸소 실천함이 거기에 미치지 않을 것을 부끄럽게 여겼기 때문이다.

[이인] 22와 거의 같은 내용입니다.

14-30 子曰: "君子道者三, 我無能焉: 仁者不憂, 知者不惑, 勇者不懼."
자왈 군자도자삼 아무능언 인자불우 지자불혹 용자불구

子貢曰: "夫子自道也."
자공왈 부자자도야

공자께서 말씀하셨다.

"군자의 도(道)에 세 가지가 있으나
나는 능한 것이 없구나.
인자(仁者)는 근심하지 아니 하고,
지자(知者)는 미혹하지 아니 하고,
용자(勇者)는 두려워하지 아니 한다."

자공이 이에 말하였다.

"우리 부자께서 스스로 낮추어
말씀하신 것이다."

비슷한 내용이 [자한] 28에도 나왔었죠.

자공이 말한 '도'는 '말한다'의 뜻으로 쓰였습니다.

도를 도라고 말한다면 그것은 더 이상 도가 아니다.

여기서 두 번째 '도'와 같은 뜻으로 쓰였죠.

14-31 子貢方人. 子曰: "賜也, 賢乎哉? 夫我則不暇!"
자공방인 자왈 사야 현호재 부아즉불가

자공(子貢)은 사람을 비교해서 평하는 것을 즐겨 하였다.
이에 공자께서 말씀하셨다.

"사(賜: 자공의 이름) 그놈은 참 잘나기도 잘났구나!
나는 그렇게 사람을 평하고 앉아 있을 틈이 없노라."

방方: 견주다, 비교하다

가暇: 겨를, 여유

14-32 子曰: "不患人之不己知, 患其不能也."
자왈 불환인지불기지 환기불능야

공자께서 말씀하셨다. "남이 나를 알아주지 않는 것을 걱정할 것이 아니라, 나의 능력이 모자라는 것을 걱정해야 한다."

이 주제가 〈논어〉에 네 번이나 반복해서 나오는 것은

공자가 이 메시지에 얼마나 간곡한 마음을 담고 있었는가를 잘 보여줍니다.

'위기지학' 해야지…

나에 대한 타인의 평가를 기준으로 살아가는 사람이 되어선 안 된다!

우리가 〈논어〉로부터 배울 수 있는 위대한 메시지 입니다.

컴퓨터와 SNS의 댓글을 안 볼수록 '위기지학'에 도움이 된다…

14-33 子曰: "不逆詐, 不億不信, 抑亦先覺者, 是賢乎!"
자왈 불역사 불억불신 억역선각자 시현호

공자께서 말씀하셨다. "남이 나를 속일까 미리 짐작하지 아니 하고, 남이 나를 불신할까 미리 억측하지 아니 한다. 그럼에도 불구하고 항상 사태를 먼저 파악하는 사람은 현명한 사람일 것이다."

근거 없이 남을 의심하거나

역사 逆詐 속이다
미리 짐작하다
'혹시?'

제멋대로 지레짐작하는 것은 곤란하지만

억 億 추측하다

항상 객관적인 정황을 파악하는 것은 필요하죠.

대인관계를 맺고 살아가야 하는 우리에게 꼭 필요한 삶의 지혜입니다.

헌문제십사(憲問第十四)

14-34
微生畝謂孔子曰: "丘何爲是栖栖者與? 無乃爲佞乎?"
미생무위공자왈 구하위시서서자여 무내위녕호

孔子曰: "非敢爲佞也, 疾固也."
공자왈 비감위녕야 질고야

미생무(微生畝)라는 은자가 지나가는 공자를 평하여 말하였다.

"구(丘)는 어찌 저리 거드름을 피우며 여기저기 다니는고? 말재주나 굴리는 놈이 아닌가?"

이에 공자께서 말씀하셨다.

"감히 말하건대 나는 말재주를 굴리는 사람이 아니외다. 나는 고집불통의 완고함을 증오하는 사람이외다."

14-35

子曰:"驥不稱其力, 稱其德也."
자왈   기불칭기력   칭기덕야

공자께서 말씀하셨다.   "천리마는 그 힘을 칭송하는 것이 아니요,
                        그 덕을 칭송하는 것이다."

천리마가 어떻게 천리를 뛸 수 있는가를 잘 생각해보면

세상은 힘만으로 될 수 있는 곳이 아님을 알 수 있습니다.

조절 / 교감 / 소통 / 훈련 / 힘

반드시 내면적 덕성이 뒷받침되어야 천리를 갈 수 있죠.

진실하지 않으면서 능력이 많은 것은 비유하자면 시랑(승냥이와 이리)과 같으니 가까이해서는 안 된다.
- 〈공자가어〉

14-36

或曰, "以德報怨, 何如?" 子曰: "何以報德? 以直報怨, 以德報德."
혹왈   이덕보원   하여   자왈   하이보덕   이직보원   이덕보덕

혹자가 공자께 여쭈었다.

"원한을 덕으로
갚는 것은 어떠합니까?"

이에 공자께서 말씀하셨다.

"덕을 무엇으로 갚을꼬?
원한에는 직(直)으로 갚는 것이 정당하고,
덕에는 덕으로 갚는 것이 정당하니라."

나는 너희에게 이르노니, 너희 원수를 사랑하며,
너희를 미워하는 자를 잘 대접하라.
너희를 저주하는 자를 축복하며,
너희를 모욕하는 자를 위해 기도하라.
- 〈큐복음서〉 제14장 :
[마태] 5:44, 46, [누가] 6:27-28

공자의 사상과 예수의 사상은 분명히 다릅니다.

헌문제십사(憲問第十四)

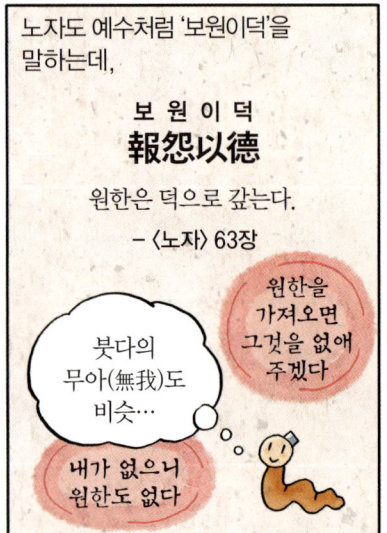

14-37 子曰: "莫我知也夫!" 子貢曰: "何爲其莫知子也?"
　　　　자 왈　막 아 지 야 부　　자 공 왈　　하 위 기 막 지 자 야

공자가 말씀하셨다.

"나를 알아주는 이가 없구나!"

이에 자공(子貢)이 여쭈었다.

"어찌하여 선생님을 알아주는 이가 없는 것입니까?"

子曰: "不怨天, 不尤人, 下學而上達. 知我者, 其天乎!"
자왈   불원천   불우인   하학이상달   지아자   기천호

공자께서 말씀하셨다.

"나는 하늘을 원망하지 않노라. 나는 사람을 탓하지 아니 하노라.
나는 비천한 데서 배워, 지고의 경지까지 이르렀노라.
나를 아는 이는 저 하느님이실 것이로다."

공자는 마치 머지않은 자신의 죽음을 예감하는 듯한 심정을 말하고 있습니다.

아— 나를 알아주는 이가 없구나.

자로도 가고 없고...

자공도 반박하는 것이 아니라 그냥 단순히 되묻는 말투이죠.

왜 그런 말씀을 하십니까? 알아주는 사람이 없다니요.

공자는 솔직한 자신의 심정을 털어놓습니다.

내가 이토록 불우한 것이 하늘의 뜻일 수도 있지만

그러나 지금 내가 하늘을 원망할쏘냐?

인간들 때문일 수도 있지만

인간을 탓할쏘냐?

그리고 '하학'의 세계를 거쳐 '상달'의 경지에 이르렀다는 자부심도 함께 나타내고 있죠.

내 인생을 돌아보자!

나는 **하학이상달** 하였노라!
下學而上達

당당

'하학'은 공자 자신의 비천했던 과거를 말하는 것일 수도 있는데,

가깝고 평범한 일상 속에서도

진리를 찾아가는 길을 발견할 수 있다.

그러나 여기서 중요한 것은 하(下)와 상(上)이 하나로 이어졌다는 사실입니다.

상 上

하 下

14-38 公伯寮愬子路於季孫. 子服景伯以告,
공 백 료 소 자 로 어 계 손   자 복 경 백 이 고

曰: "夫子固有惑志於公伯寮, 吾力猶能肆諸市朝."
왈   부 자 고 유 혹 지 어 공 백 료   오 력 유 능 사 저 시 조

공자 제자 중의 한 사람인 공백료(公伯寮)가
당시 계씨의 가로였던 자로(子路)를 모함하여 계손(季孫)씨에게 참소하였다.
이에 노나라의 훌륭한 중신인 자복경백(子服景伯)이 공자께 아뢰었다.

"우리 계손 부자(夫子)께서 공백료의 모함으로 인하여
진실로 자로에 대한 마음이 흔들리고 있습니다.
제 능력이 미력하나마 공백료 같은 녀석 정도는
그 시신을 시장 거리나 조정 앞 거리에 널어놓을 수 있겠나이다."

子曰: "道之將行也與, 命也; 道之將廢也與, 命也. 公伯寮其如命何!"
자 왈   도 지 장 행 야 여   명 야   도 지 장 폐 야 여   명 야   공 백 료 기 여 명 하

이에 공자께서 말씀하셨다.

"계씨가 정신차려서 도(道)가 장차 이 땅에 행(行)하여지는 것도 천명이요,
계씨가 멍청하여 도(道)가 장차 이 땅에서 폐(廢)하여지는 것도 천명이다.
공백료 그깟 녀석이 천명을 어찌하리오?"

실제 있었던 일을 꾸밈없이 전하고 있다는 느낌이 드는 장입니다.

아주 멋있는 대화이죠.

공백료는 〈사기〉의 [72제자해]에도 나오는 사람인데, 동문인 자로를 헐뜯었나 봅니다.

소 愬 헐뜯어 말하다

자로 그자가 글쎄…

이것을 공자께 아뢰며 등장하는 사람은 노나라의 대부이죠.

자복경백

공백료 때문에 계씨가 자로를 의심합니다.

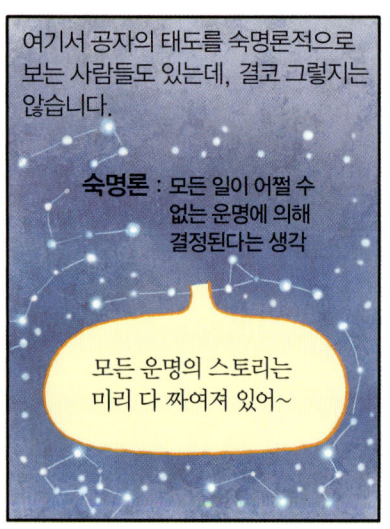

14-39

子曰: "賢者辟世, 其次辟地, 其次辟色, 其次辟言."
자왈　현자피세　기차피지　기차피색　기차피언

공자께서 말씀하셨다.

"가장 뛰어난 현자(賢者)는 자기가 살고 있는 세상을 피해버린다. 그 다음으로 현명한 사람은 나라를 피하고, 그 다음으로 현명한 사람은 색(色)을 피하고, 그 다음으로 현명한 사람은 말(言)을 피한다."

현자의 우열을 가리는 게 중요한 게 아니라 그 처한 상황이 다르고

스케일이나 영향력에 따른 순서를 말한 겁니다.

그리고 인간의 품성의 크기를 그 순서에 맞추어 이야기한 거죠.

14-40

子曰: "作者七人矣."
자왈　작자칠인의

공자께서 말씀하셨다.

"작자(作者)는 칠인(七人)이다."

[술이] 1에서 말했듯이, '작자'는 중국 고대사상사에서 특별한 의미를 갖습니다.

작자 作者 — 최초로 문명을 만든 사람들

컬쳐 브링어즈
Culture-bringers

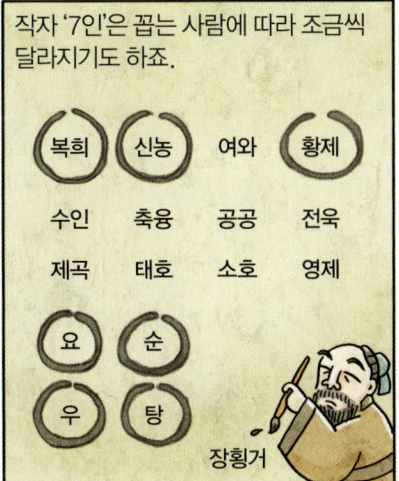

작자 '7인'은 꼽는 사람에 따라 조금씩 달라지기도 하죠.

복희　신농　여와　황제
수인　축융　공공　전욱
제곡　태호　소호　영제
요　순
우　탕

장횡거

현대에도 '작자'로 불릴 만한 사람들은 여럿 있습니다.

헌문제십사(憲問第十四)

14-41 子路宿於石門. 晨門曰:"奚自?" 子路曰:"自孔氏."
자로숙어석문 신문왈 해자 자로왈 자공씨

曰:"是知其不可而爲之者與!"
왈 시지기불가이위지자여

자로(子路)가 석문(石門) 부근에서 잠을 잤는데, 그 석문의 문지기가 물었다.

"어디서 오셨소?"

자로가 대답하였다.

"공씨(孔氏)와 같이 있다가 오는 길이오."

문지기가 말하였다.

"불가능한 줄을 알면서도 실천에 옮기는 그분 말이구려!"

'석문'은 노나라 곡부에서 멀리 떨어지지 않은 작은 문의 이름이죠.

신문 晨門 문지기

아직 문이 안 열렸군.

이 장을 보통 문지기가 공자를 비웃는 것으로 보는데,

아~ 그 되지도 않을 일을 하겠다고 한다는 그분!

이 문지기의 말은 공자의 이상주의에 적극 동의하는 것으로 이해해야 합니다.

지 기 불 가 이 위 지
知其不可而爲之

불가능한 줄 알면서 실천에 옮기다.

이 한마디야말로 공자의 삶을 적절하게 표현한 위대한 말이죠.

14-42 子擊磬於衛, 有荷蕢而過孔氏之門者, 曰:"有心哉, 擊磬乎!"
자격경어위 유하궤이과공씨지문자 왈 유심재 격경호

공자께서 위나라에서 편경(編磬)이라는 악기를 연주하고 계셨다.
마침 어깨에 삼태기를 메고, 공자께서 편경을 연주하고 있는
그 집 앞을 지나가는 어떤 사람이 있었다.
그자가 말하였다.

"천하에 마음을 둔 소리로다! 너의 편경 연주는!"

既而曰: "鄙哉, 硜硜乎! 莫己知也, 斯已而已矣. 深則厲, 淺則揭."
기이왈   비재 경경호 막기지야   사이이이의   심즉려 천즉게

子曰: "果哉! 末之難矣."
자왈   과재   말지난의

조금 있다가 그자가 다시 말하였다.

"비루하구나! 소리가 너무 여유 없이 깐깐하기만 하도다! 세상이 나를 알아주지 못함을 한탄한다면 그것은 자신의 내면에서 그쳐야 할 일일 뿐.

(〈시경〉 가사에도 이런 말이 있다)

'깊으면 여울목 디딤돌을 밟고 건너고,
얕으면 옷을 걷고 건너라.'"

이에 공자께서 말씀하셨다.

"과감하게 말하기는 쉽다! 그러나 그대에게는 나의 고뇌가 없도다!"

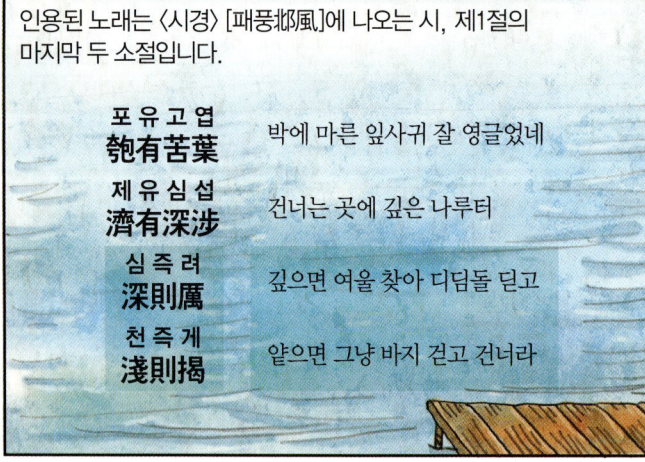

14-43

子張曰: "書云: '高宗諒陰, 三年不言.' 何謂也?" 子曰: "何必高宗,
자장왈   서운   고종양암   삼년불언   하위야   자왈   하필고종

古之人皆然. 君薨, 百官總己以聽於冢宰三年."
고지인개연   군훙   백관총기이청어총재삼년

자장(子張)이 여쭈었다.

"〈서書〉에 이르기를,
'은나라의 고종(高宗)은 양암(諒陰)에
살면서 삼 년 동안 말하지 않았다'
라고 했는데, 도대체 이것이 무엇을
말하는 것이옵니까?"

이에 공자께서 말씀하셨다.

"어찌 고종만 그러했겠는가?
옛사람들은 다 그러했느니라.
임금이 승하하면, 대를 잇는 임금은 다 그렇게
했기 때문에, 백관(百官)이 모두 자신의 직책을
책임지고 총재(冢宰)의 명을 받들기를
삼 년 동안 하였느니라."

헌문제십사(憲問第十四)

14-44 子曰:"上好禮, 則民易使也."
자왈 상호례 즉민이사야

공자께서 말씀하셨다. "윗사람이 예(禮)를 좋아하면, 예에 의하여 교화된 백성은 다스리기가 쉽다."

유가 리더십의 원칙은 솔선수범이죠.

윗사람이 분수를 어기고 예에 어긋나는 행동을 하면 백성들은 윗사람의 말을 듣지 않습니다.

신뢰가 상실되는 거죠.

현대 민주정치에도 항상 들어맞는 말입니다.

14-45 子路問君子. 子曰:"修己以敬." 曰:"如斯而已乎?"
자로문군자 자왈 수기이경 왈 여사이이호

曰:"修己以安人."
왈 수기이안인

자로(子路)가 군자(君子)를 여쭈었다. 이에 공자께서 말씀하셨다.

"자기를 닦되 경(敬)으로써 하라."

자로가 여쭈었다.

"그것뿐입니까?"

이에 공자께서 말씀하셨다.

"자기를 닦되 타인을 편하게 하는 것으로써 하라."

曰:"如斯而已乎?" 曰:"修己以安百姓. 修己以安百姓, 堯舜其猶病諸!"
왈 여사이이호 왈 수기이안백성 수기이안백성 요순기유병저

자로가 여쭈었다.

"그것뿐입니까?"

이에 공자께서 말씀하셨다.

"자기를 닦되 백성을 편하게 하는 것으로써 하라. 자기 몸을 닦음으로써 백성을 편하게 만드는 것에 관해서는 요·순도 이를 오히려 어렵게 여겼나니라!"

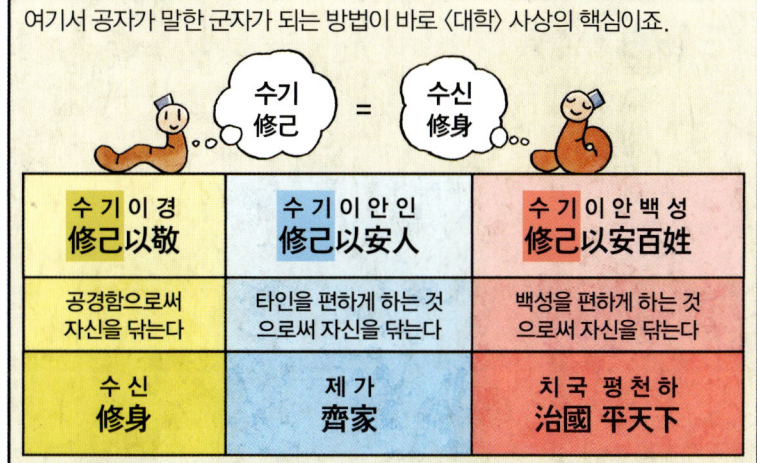

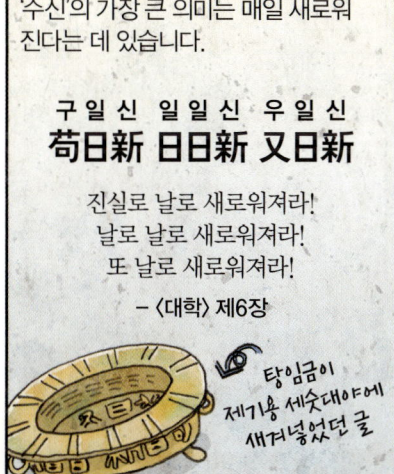

14-46 原壤夷俟. 子曰: "幼而不孫弟, 長而無述焉, 老而不死,
원양이사 자왈   유이불손제   장이무술언   노이불사

是爲賊." 以杖叩其脛.
시위적   이장고기경

공자의 소꿉친구 원양(原壤)이 건방지게 한 다리를 척 걸치고 공자를 기다리고 있었다.
공자께서 지팡이를 짚으며 당도하여 말씀하셨다.

"자네는 어려서도 공손하지도 않았고,
커서도 좋게 기억될 만한 일을 아무것도 하지 않았고,
다 늙어서는 빨리 죽지도 않으니, 자네야말로 도둑일세."

그러시고는 지팡이로
그 친구 정강이를 툭 치셨다.

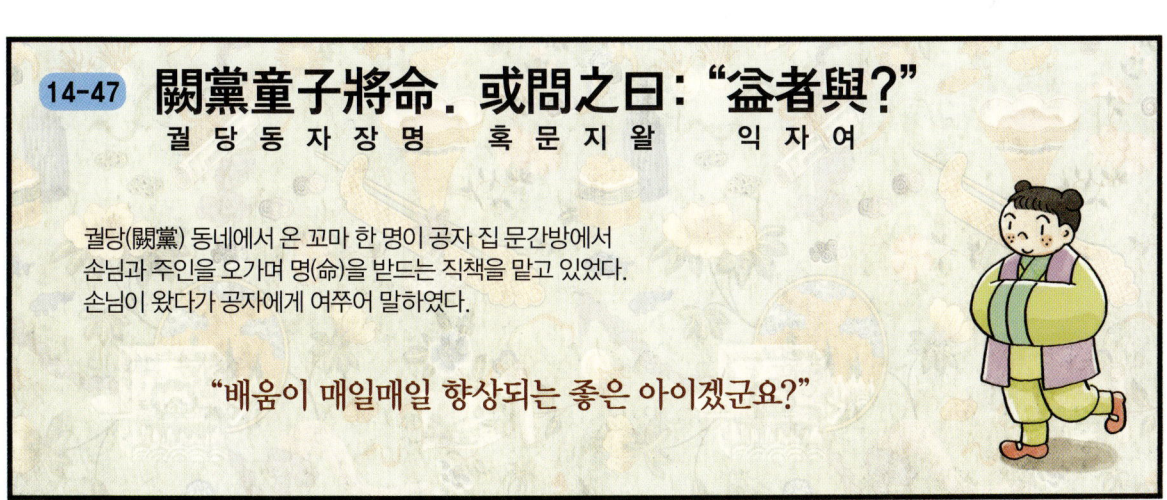

14-47 闕黨童子將命. 或問之曰: "益者與?"
궐 당 동 자 장 명   혹 문 지 왈   익 자 여

궐당(闕黨) 동네에서 온 꼬마 한 명이 공자 집 문간방에서 손님과 주인을 오가며 명(命)을 받드는 직책을 맡고 있었다. 손님이 왔다가 공자에게 여쭈어 말하였다.

"배움이 매일매일 향상되는 좋은 아이겠군요?"

子曰:"吾見其居於位也, 見其與先生竝行也. 非求益者也, 欲速成者也!"
자왈 오견기거어위야 견기여선생병행야 비구익자야 욕속성자야

이에 공자께서 말씀하셨다.

"아~ 글쎄 고놈이 어른과 맞먹는 자리에 앉기도 하고, 선생들과 나란히 걸어다니곤 하는 것을 내가 보았지요. 향상되기를 구하는 놈이 아니라 속성(速成)되기만을 바라는 싹수없는 꼬마라니까요!"

앞 장과 비슷한 분위기입니다.

성인은 남을 칭찬하기만 할 것 같은데, 공자는 그렇지 않았죠.

공자는 잔심부름하는 동자를 곱게 봐주지 않는데

궐당 출신의 동자(童子)

거꾸로 들었어~

동자가 공자의 눈 밖에 난 이유는

거 어 위
居於位

자리를 차지하고 앉다

동자는 가장자리에 앉아야 한다

그 행동거지가 예에 어긋나고 건방졌기 때문이었죠.

여 선 생 병 행
與先生竝行

선생들과 나란히 걷다

동자는 뒤따라 걸어야 한다

학문은 오직 인간됨, 즉 인격의 수양 위에서만 향상되는 것이라는 메시지를 강하게 던지는 명장면입니다.

속성으로 빨리 이루게 해주세요. 현기증 난단 말이에요~

틀렸어, 싹수가 노래.

마지막 두 장은 기존의 번역에서는 볼 수 없는 저만의 진실한 해석입니다.

이것으로 [헌문]편을 마칩니다.

공자의 진실한 모습

위령공제십오(衛靈公第十五)

15-1 衛靈公問陳於孔子. 孔子對曰: "俎豆之事, 則嘗聞之矣;
위 령 공 문 진 어 공 자   공 자 대 왈   조 두 지 사   즉 상 문 지 의

軍旅之事, 未之學也." 明日遂行.
군 려 지 사   미 지 학 야   명 일 수 행

위나라 영공(衛靈公)이 공자에게 진법(陣法)에 관해 물었다.
공자께서 대답하여 말씀하셨다.

"조두(俎豆)에 관한 일들은 제가 일찍이 공부 좀 했습니다만,
군대에 관한 일은 아직 배우지 못했습니다."

다음날 드디어
위나라를 떠나셨다.

在陳絕糧, 從者病, 莫能興. 子路慍見曰: "君子亦有窮乎?"
재 진 절 량   종 자 병   막 능 흥   자 로 온 견 왈   군 자 역 유 궁 호

子曰: "君子固窮, 小人窮斯濫矣."
자 왈   군 자 고 궁   소 인 궁 사 람 의

진(陳)나라에 있을 때에 식량이 끊겼다.
같이 따라간 사람들이 병이 들고 초췌하여
일어서지조차 못하였다.
자로가 핏대가 나서 공자를 뵙고 말하였다.

이에 공자께서 말씀하셨다.

"도덕적으로 살아온 군자도
이토록 곤궁할 때가 있습니까?"

"군자는 오히려 곤궁함을 지킨다.
소인은 곤궁하면 넘치는 행동을 하느니라."

15-2 子曰: "賜也, 女以予爲多學而識之者與?" 對曰: "然, 非與?"
자왈   사야   여이여위다학이식지자여   대왈   연   비여

曰: "非也! 予一以貫之."
왈   비야   여일이관지

공자께서 말씀하셨다.
"사(賜: 자공의 이름)야!
너는 내가 많은 것을 배워서,
잡다하게 기억하는 자라고
생각하느뇨?"

자공이 대답하여 말하였다.
"그러하옵니다,
아니옵니까?"

이에 공자께서 말씀하셨다.
"그렇지 아니 하다.
나는 하나로써 세상의
이치를 꿰뚫은 자이니라."

참으로 아름다운 사제 간의 문답입니다.

이 장의 '일이관지'가 나중에 증자와 공자 간의 문답에 다시 쓰이기도 했죠.

오 도 일 이 관 지
吾道一以貫之

나의 도는 하나로 모든 것을 꿰뚫고 있다.
— [이인] 15

공자가 노나라로 돌아온 뒤, 공자의 사상이 정리되고 통합되던 시기의 이야기로 보입니다.

15-3 子曰: "由! 知德者鮮矣."
자왈   유   지덕자선의

공자께서 말씀하셨다.   "유(由: 자로의 이름)야! 덕(德)을 아는 자가 너무도 드물구나!"

첫 장의 성난 자로에게 공자가 하는 말로 볼 필요는 없습니다.

세상을 살다 보면 느낄 수밖에 없는 절망을 표현한 거죠.

공자가 그 고독을 표현할 수 있고, 또 그것을 받아줄 수 있는 사람은 자로밖에는 없었습니다.

15-4 子曰: "無爲而治者, 其舜也與! 夫何爲哉? 恭己正南面而已矣."
자왈 무위이치자 기순야여 부하위재 공기정남면이이의

공자께서 말씀하셨다.

"함이 없이(無爲) 스스로 다스려지게 만든 자는 오직 순(舜)임금이실진저!
과연 무엇을 하셨겠는가? 몸을 공손히 하고
바르게 남면(南面)하셨을 뿐이로다."

제가 여러 번 강조했지만, 유가사상과 도가사상을 대립적으로 보는 것은

외래 종교인 불교에 대해 큰 반감을 가졌던 송나라 유학 이후부터 생겨난 일입니다.

원래 유가의 '무위'와

다스리는 자의 몸이 바르면 법령을 발하지 않아도 스스로 행하여진다.
- [자로] 13

북극성처럼 함이 없이

도가의 '무위'는 정확히 같은 뜻입니다.

백성은 법령을 내리지 않아도 스스로 고르게 다스려진다.
- 〈노자〉 32장

물처럼 순리대로

위정자가 자기 멋대로 법을 휘둘러 다스리면 안 된다는 것은 '무위' 사상 이전의 일반 상식이죠.

청와대
국가정보원
검찰

지금도 대통령이 자신의 약한 도덕성을 가리기 위해 함부로 법제를 동원하지 않는다면

무위…

오! 예!

우리나라 정치는 최고의 중흥기를 맞이할 겁니다.

무 위 이 치
無爲而治

함이 없이 다스리다

이것은 도가의 이상이기 이전에 유가의 이상 이었습니다.

15-5 子張問行. 子曰: "言忠信, 行篤敬, 雖蠻貊之邦, 行矣.
자장문행 자왈 언충신 행독경 수만맥지방 행의

言不忠信, 行不篤敬, 雖州里, 行乎哉?
언불충신 행불독경 수주리 행호재

어린 제자 자장(子張)이 도(道)가 세상에 행(行)하여지는 것에 관하여 여쭈었다.
이에 공자께서 말씀하셨다.

"말(言)이 충신(忠信)하고 그 행동이 독경(篤敬)하면 비록
만맥(蠻貊)의 오랑캐 나라라 할지라도 도가 행하여질 수 있거니와,
말이 충신하지 못하고 그 행동이 독경하지 못하면
자기가 사는 작은 동네에서도 도는 행하여지지 않는다.

立則見其參於前也, 在輿則見其倚於衡也, 夫然後行." 子張書諸紳.
입즉견기참어전야 재여즉견기의어형야 부연후행 자장서저신

일어서면 그 충신독경한 생각이 항상 몸 앞에 어른거리는 듯하고,
수레에 올라타면 그 충신독경한 생각이 앞의 가로목 형(衡)에
기대어 서 있는 것같이 보이는 그러한 마음 자세 후에나
도는 행하여질 수 있는 것이다."

자장은 이 말씀을 듣고 그것을 자기 허리띠에 기록하였다.

15-6 子曰：" 直哉史魚！邦有道，如矢；邦無道，如矢.
자왈　　직재사어　방유도　　여시　　방무도　　여시

君子哉蘧伯玉！邦有道，則仕；邦無道，則可卷而懷之."
군자재거백옥　방유도　즉사　방무도　즉가권이회지

공자께서 말씀하셨다.

"직(直)하도다! 사어(史魚)여! 나라에 도가 있어도 화살처럼 곧고
나라에 도가 없어도 화살처럼 곧구나.
군자(君子)로다! 거백옥(蘧伯玉)이여! 나라에 도가 있으면 벼슬하고,
나라에 도가 없으면 물러나 모든 것을 수렴하여 가슴속에 품어둘 뿐이로다."

사어와 거백옥은 모두 위나라의 중신이었는데

사어는 죽어가면서도 위령공에게 강한 유언을 남겼기에

현신 거백옥을 발탁하시고 간신 미자하를 내쫓으십시오.

아니면 제 빈소도 차리지 말고 장례도 지내지 마십시옷!

공자는 사어를 높이 평가했습니다.

예로부터 많은 자들이 임금에게 간(諫)해 왔지만 죽으면 그만이었다. 그런데 사어와 같은 사람은 죽어 시체가 되어서까지 간하여 그 충심이 임금을 감동시켰다. 어찌 직(直)하다 말하지 않으리오?
— 〈공자가어〉

거백옥의 삶의 태도 또한 공자에게 영향을 주었을 겁니다.

가 권 이 회 지
可卷而懷之

주욱 펼쳐놓았던 것을 두루루 말아서 가슴에 품는 이미지

'권회'란 단순한 은퇴나 패배를 의미하지 않습니다.

권회는 정치에 간여하지 않고 세상과 거슬림이 없게 은거하는 것이다.
— 고주

귀로 후 공자의 삶을 가리켜 한마디로 '권회의 삶'이라고 말할 수 있죠.

15-7 子曰:"可與言而不與之言, 失人; 不可與言而與之言, 失言.
자 왈   가 여 언 이 불 여 지 언   실 인   불 가 여 언 이 여 지 언   실 언

知者不失人, 亦不失言."
지 자 불 실 인   역 불 실 언

공자께서 말씀하셨다. "더불어 말할 만한 상대인데도 더불어 말하지 아니 하면 그 사람을 잃어버리고, 더불어 말할 만한 상대가 아닌데도 더불어 말하면 그 말을 잃어버린다. 참으로 지혜로운 사람은 사람을 잃지도 않고, 또한 말도 잃지 아니 한다."

15-8 子曰:"志士仁人, 無求生以害仁, 有殺身以成仁."
자 왈   지 사 인 인   무 구 생 이 해 인   유 살 신 이 성 인

공자께서 말씀하셨다. "지사(志士)와 인인(仁人)은 구차히 삶을 구하여 인(仁)을 해침이 없고, 그 몸을 죽이어(殺身) 인을 이룸(成仁)이 있다."

15-9 子貢問爲仁. 子曰: "工欲善其事, 必先利其器. 居是邦也,
자공문위인 자왈   공욕선기사   필선리기기   거시방야

事其大夫之賢者, 友其士之仁者."
사 기 대 부 지 현 자   우 기 사 지 인 자

자공(子貢)이 인을 실천하는 방법에 관하여 공자께 여쭈었다.
이에 공자께서 말씀하셨다.

"공인(工人)이 그 일을 잘 하려면 반드시 먼저 그 공구(工具)를 예리하게 만들어야 한다. 한 나라에 살게 되면 반드시 그 대부 중에 슬기로운 자를 섬기고, 그 선비 중에 인(仁)한 자를 벗삼아야 한다."

자공은 '인'이 아니라 '인을 실천하는 법'을 물었습니다.

공자는 물건을 만드는 사람들에게 가장 중요한 것이 도구를 예리하게 만드는 일이듯

어느 나라에 가게 되든 인간관계를 정확히 맺어

그들의 삶을 거울삼아 본받는 것이 중요하다고 봅니다.

인간관계를 제대로 맺지 못하는 사람치고 인(仁)을 실현할 수 있는 사람은 없죠.

누구를 섬기고, 누구를 벗하는가를 보면 그의 사람됨을 알 수 있습니다.

15-10 顔淵問爲邦. 子曰: "行夏之時, 乘殷之輅, 服周之冕, 樂則韶舞.
안연문위방   자왈   행하지시 승은지로 복주지면   악즉소무

放鄭聲, 遠佞人. 鄭聲淫, 佞人殆."
방정성   원녕인   정성음   영인태

안연(顔淵)이 나라를 다스리는 것(爲邦)을 여쭈었다. 이에 공자께서 말씀하셨다.

"하(夏)나라의 역법(曆法)을 행하고, 은(殷)나라의 수레를 타며,
주나라의 관(冠)을 쓰며, 음악은 소무(韶舞)로 할 것이다.
정나라 노래를 추방하고 말재주 좋은 사람을 멀리하라.
정나라 노래는 음란하고, 말재주 좋은 사람은 위태로우니라."

15-11 子曰："人無遠慮, 必有近憂."
자왈 인무원려 필유근우

공자께서 말씀하셨다. "사람이 먼 근심이 없어도 반드시 가까운 근심은 있다."

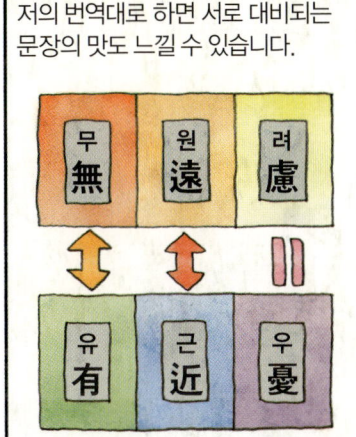

15-12 子曰："已矣乎! 吾未見好德如好色者也!"
자왈 이의호 오미견호덕여호색자야

공자께서 말씀하셨다. "아~ 절망스럽구나! 덕을 좋아하기를 아리따운 여인을 좋아하듯 하는 사람을 아직도 보지 못하다니!"

위령공제십오(衛靈公第十五)

15-13 子曰:"臧文仲其竊位者與? 知柳下惠之賢, 而不與立也."
자 왈 장 문 중 기 절 위 자 여 지 유 하 혜 지 현 이 불 여 립 야

공자께서 말씀하셨다. "노나라의 명재상이라 하는 장문중(臧文仲)은 분명 그 지위를 도적질한 자일 것이다. 유하혜(柳下惠)의 어짊을 알고서도 그를 발탁하여 더불어 조정에 서질 않았다."

장문중은 노나라의 명재상으로 널리 알려졌던 사람이지만

장문중은 집안에 채(거북딱지)를 걸어두고 기둥에 산과 수초 모양을 새겼으니 어찌 그를 지혜롭다 하겠는가?
– [공야장] 17

공자는 세속적 평가에 그대로 따르지 않는 고집을 보여줍니다.

훔치다 절 위 竊位

그 지위를 훔친 것이 아닌가?

장문중이 현인 유하혜를 천거하지 않았다는 이유에서죠.

성인은 백세의 스승이니, 백이와 유하혜가 바로 이런 사람이다.
– 〈맹자〉 [진심] 하

유하혜는 훗날 맹자도 인정한 현자였습니다.

15-14 子曰:"躬自厚, 而薄責於人, 則遠怨矣."
자 왈 궁 자 후 이 박 책 어 인 즉 원 원 의

공자께서 말씀하셨다. "스스로 자기를 책망하기를 후하게 하고, 남을 책망하기를 박하게 하면 원망으로부터 멀어질 것이다."

살면서 힘써야 할 절실한 말씀입니다.

여러분은 제발 이와 반대되는 삶을 살지 않기를 바랍니다.

지도자들부터 남 책망은 후하게 하면서 자신의 책망은 박하게 하면 이 나라의 정치가 어그러집니다.

내 덕~
내 탓은 조금(박薄)

네 탓!
남 탓은 많이(후厚)

내 탓은 후하게!
남 탓은 박하게!

이것이 구호로만 그쳐서는 안 됩니다.

15-15 子曰:"不曰'如之何,如之何'者,吾末如之何也已矣."
자왈 불왈 여지하 여지하 자 오말여지하야이의

공자께서 말씀하셨다. "어찌할꼬, 어찌할꼬 하고 자기반성을 하지 않는 자는 나도 어찌할 바가 없을 뿐이로다."

15-16 子曰:"群居終日, 言不及義, 好行小慧, 難矣哉!"
자왈 군거종일 언불급의 호행소혜 난의재

공자께서 말씀하셨다. "하루 종일 무리 지어 같이 있으면서, 하는 말들이 의로움에 미치지 못하고, 작은 지혜나 행하기를 좋아한다면, 그런 무리들의 앞날에는 환난만이 기다리고 있을 것이다."

15-17 子曰:"君子義以爲質, 禮以行之, 孫以出之, 信以成之. 君子哉!"
자 왈 　군 자 의 이 위 질 　예 이 행 지 　손 이 출 지 　신 이 성 지 　군 자 재

공자께서 말씀하셨다. "군자는 의(義)로써 바탕을 삼으며 예(禮)로써 행동하며, 겸손(孫)으로써 표현하며, 신험(信)함으로써 완성한다. 이것이 군자로다!"

내가 사는 사회에서 떳떳하려는 정의감이 나의 본질이 되고

예에 맞게 행동하되

표현은 겸손할수록 좋고

나의 모든 표현이 헛소리가 아님을 증명하는 사람이 바로 군자입니다.

15-18 子曰:"君子病無能焉, 不病人之不己知也."
자 왈 　군 자 병 무 능 언 　불 병 인 지 불 기 지 야

공자께서 말씀하셨다.

"군자는 자기의 무능함만을 병으로 여긴다.
남이 나를 몰라주는 것을 병으로 여기지 아니 한다."

나에 대한 타인의 평가를 기준으로 살아서는 안 됩니다.

15-19 子曰:"君子疾沒世而名不稱焉."
자 왈 　군 자 질 몰 세 이 명 불 칭 언

공자께서 말씀하셨다. "군자는 이 세상의 삶을 끝낼 때까지 그 이름이 한 번도 값있게 불려지지 못한 것을 부끄럽게 여긴다."

15-20 子曰: "君子求諸己, 小人求諸人."
자왈   군자구저기   소인구저인

공자께서 말씀하셨다. "군자는 자기에게 구하고 소인은 남에게서 구한다."

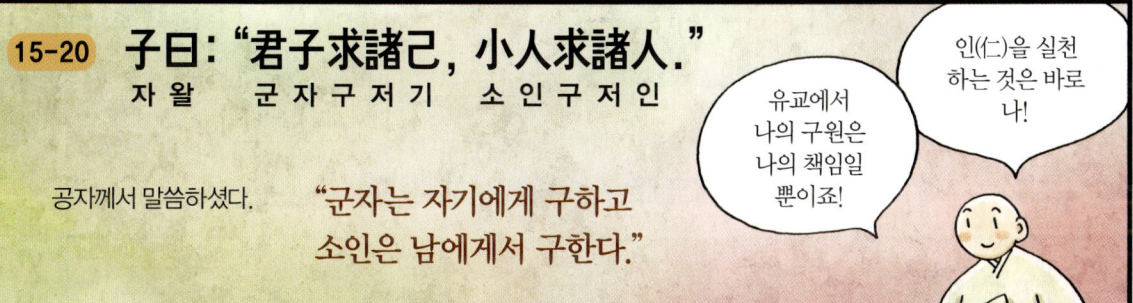

15-21 子曰: "君子矜而不爭, 群而不黨."
자왈   군자긍이부쟁   군이부당

공자께서 말씀하셨다. "군자는 긍지를 지니되 다투지 아니 하고, 사람들과 더불어 하되 편당 짓지 않는다."

15-22

子曰: "君子不以言擧人, 不以人廢言."
자왈   군자불이언거인   불이인폐언

공자께서 말씀하셨다.
"군자는 한 사람의 말만을 가지고서 그 사람을 기용하지는 아니 하며, 한 사람의 사람됨만을 가지고서 그 사람의 말을 폐(廢)하지는 아니 한다."

아무리 좋은 말을 한다고 해도 그 말만 가지고서 그 사람과 운명을 같이할 수는 없고

다른 사람의 막연한 평가 때문에 한 사람의 진실일 수도 있는 말을 버릴 수는 없죠.

결국 인간관계는 고정된 평가가 아니라 과정으로 이루어진다는 것을 말하고 있습니다.

공자의 사상에는 끊임없는 '관계의 역동성'이 숨어 있죠.

15-23

子貢問曰: "有一言而可以終身行之者乎?"
자공문왈   유일언이가이종신행지자호

子曰: "其恕乎! 己所不欲, 勿施於人."
자왈   기서호   기소불욕   물시어인

자공(子貢)이 여쭈어 말하였다.
"일언(一言)으로 종신(終身)토록 행(行)할 만한 것이 과연 있겠나이까?"

공자께서 말씀하셨다.
"서(恕), 그 한마디일 것이다. 내가 원하지 않는 것은 남에게도 베풀지 말라."

공자의 이 말은 언뜻 들으면 기독교의 황금률과 비슷하게 들립니다.

남에게 대접 받고자 하는 대로 너희도 남에게 대접하라.
- [마태] 7장12절

THE GOLDEN RULE

그러나 실제로는 전혀 다른 뜻이죠.

내가 원하는 것을 남에게 베풀라! (긍정형 명제)

안 좋아한다고 말했는데도 듣질 않아!

나를 기준으로 하는 판단은 남에게 폭력이 될 수도 있습니다.

내가 원하지 않는 것을 남에게 베풀지 말라! (부정형 명제)

이것은 인간 사회의 보편적 질서를 위하여 지켜야 하는 가장 기본적인 규칙이죠.

15-24 子曰: "吾之於人也, 誰毀誰譽? 如有所譽者, 其有所試矣.
자왈   오지어인야   수훼수예   여유소예자   기유소시의

斯民也, 三代之所以直道而行也."
사민야   삼대지소이직도이행야

공자께서 말씀하셨다. "내가 사람과의 관계에 있어서 누굴 훼방하고 누굴 칭찬하리오? 만약 내가 누굴 칭찬하는 바가 있다면 도리어 그것은 그를 시험하는 바가 있다는 것이다. 이 백성은 하·은·주 삼대(三代)를 통하여 직도(直道)로써 행(行)하여온 바탕이 있기 때문에 평범하게 보여도 선·악의 판단이 정확한 사람들이다."

위령공제십오(衛靈公第十五)

15-25 子曰:"吾猶及史之闕文也. 有馬者借人乘之, 今亡矣夫!"
자왈   오유급사지궐문야   유마자차인승지   금무의부

공자께서 말씀하셨다.
"사관(史官)들이 의심 나는 역사는 빈자리로 남겨둘지언정 함부로 쓰지를 않고, 거친 말을 소유한 자는 그것을 무리하게 다루지 않고 반드시 말을 잘 다루는 사람에게 타게 하여 길들이는 신중함을 내 생애에서 내 눈으로 직접 봐왔다. 그런데 지금은 이런 신중함이 다 사라져버렸구나!"

사관이 평가하기 어려운 부분을 빈자리로 남겨놓는 것은 신중함인 동시에 양심입니다.

사관 史官 — 역사 기록을 맡은 관리
후대의 지혜로운 자를 기다린다…
빼놓다 궐 闕

말을 훈련시키는 데에도 같은 신중함이 필요하죠.
말을 잘 다루는 사람의 힘을 빌리자.

이러한 신중함이 사라지고 아무렇게나 행동하고 변해가는 사회의 모습을 한탄하는 공자의 말입니다.

잘 모르면서도 일단 써넣고 "아니면 말구~"
그냥 말 타다 떨어지고

15-26 子曰:"巧言亂德. 小不忍, 則亂大謀."
자왈   교언란덕   소불인   즉란대모

공자께서 말씀하셨다.
"교언(巧言)은 덕을 어지럽힌다. 작은 것을 참아내지 못하면 큰일을 그르친다."

사소한 것을 참지 못해 큰일을 그르치는 경우가 얼마나 많습니까?

교언 巧言 — 교묘하고 그럴듯한 말

큰일을 꾀하는 사람은 작은 일의 함정을 항상 조심하고 살아야 합니다.

내키는 대로 SNS에 한 줄 올렸다가…

항우 같은 힘센 장사라도 모기 한 마리에 물려 죽을 수도 있는 것이죠.

개인정보 노출   악성 댓글   허위 사실 유포

15-27 子曰: "眾惡之, 必察焉; 眾好之, 必察焉."
자왈　중오지　필찰언　중호지　필찰언

공자께서 말씀하셨다.

"대중이 다 한 사람을 증오한다 해도 반드시 그 사람을 신중히 살필 것이며, 대중이 다 한 사람을 사랑한다 해도 반드시 그 사람을 신중히 살필 것이다."

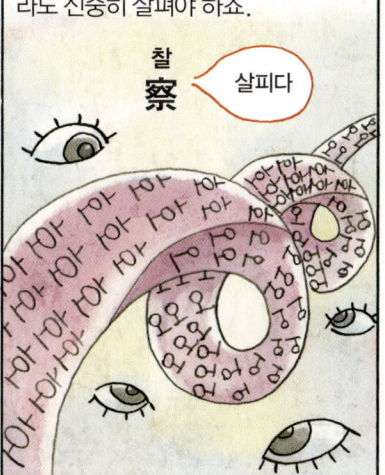

위령공제십오(衛靈公第十五) 143

15-28 子曰:"人能弘道, 非道弘人."
자왈 인능홍도 비도홍인

공자께서 말씀하셨다.

"사람이 도(道)를 넓힐 수 있는 것이요,
도(道)가 사람을 넓히는 것은 아니다."

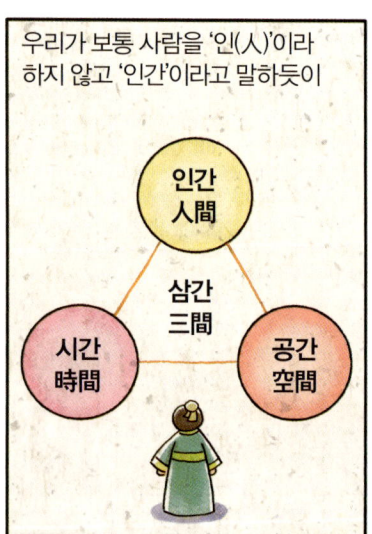

우리가 보통 사람을 '인(人)'이라 하지 않고 '인간'이라고 말하듯이

도덕은 항상 인간 사이에 있는 것이죠.

인간의 도(道) = 도덕(道德)

인간의 경험과 상관없이 도덕이 따로 존재한다고 보는 것은 매우 유치한 생각입니다.

'도'는 오직 인간이 넓혀가는 과정 속에만 있을 수 있다는 말은,

人能弘道
인능홍도

넓히다

인간만이 할 수 있다!

곧 사람은 끊임없이 도를 넓혀가야만 사람으로서의 자격을 가질 수 있다는 뜻이죠.

도와 도덕이 고정적으로 따로 존재한다는 생각은 공자의 참 사상과는 다릅니다.

15-29 子曰: "過而不改, 是謂過矣!"
자왈 과이불개 시위과의

공자께서 말씀하셨다.

"허물이 있어도 고치지 않는 것, 그것이 바로 허물이다!"

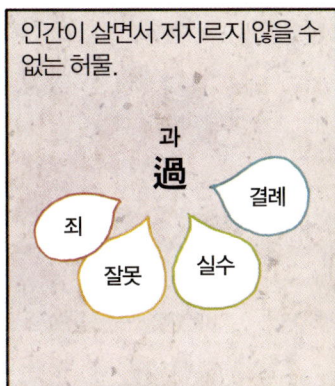

15-30 子曰: "吾嘗終日不食, 終夜不寢, 以思, 無益. 不如學也."
자왈 오상종일불식 종야불침 이사 무익 불여학야

공자께서 말씀하셨다. "내 일찍이 종일토록 밥을 먹지도 아니 하고, 밤새도록 잠을 자지도 아니 하고, 생각에만 골몰하여도 보았으나 별 유익함이 없었다. 역시 배우는 것만 같지 못하니라."

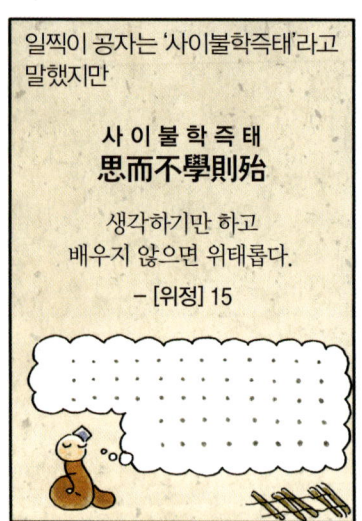

15-31 子曰:"君子謀道不謀食. 耕也, 餒在其中矣;
자왈 　　군자모도불모식　　경야　뇌재기중의

學也, 祿在其中矣. 君子憂道不憂貧."
학야　녹재기중의　군자우도불우빈

공자께서 말씀하셨다. "군자는 도(道)를 도모하나 밥을 도모하지는 않는다.
밭을 갊에 굶주림이 그 가운데 있도다.
배움을 사랑함에 녹(祿)이 그 가운데 있도다.
군자는 도(道)를 걱정할지언정 가난함을 걱정하지는 아니 한다."

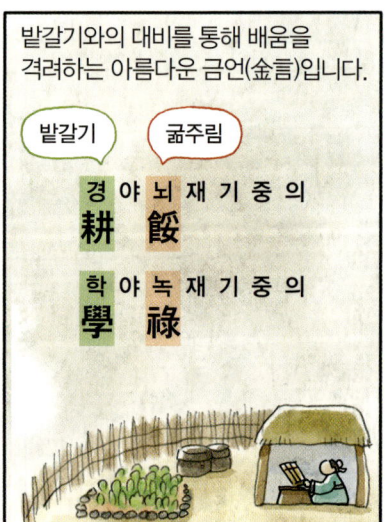

15-32 子曰: "知及之, 仁不能守之; 雖得之, 必失之.
자왈　지급지　인불능수지　수득지　필실지

知及之, 仁能守之; 不莊以涖之, 則民不敬.
지급지　인능수지　부장이리지　즉민불경

공자께서 말씀하셨다.

"지식으로써 이치를 파악하더라도 인(仁)이 그것을 지켜내지 못하면, 비록 지위를 얻더라도 반드시 잃는다. 지식으로써 이치를 파악하고 인(仁)이 그것을 지켜내더라도, 장엄한 인격으로써 임하지 아니 하면 백성들은 공경하지 아니 한다.

知及之, 仁能守之, 莊以涖之, 動之不以禮, 未善也."
지급지　인능수지　장이리지　동지불이례　미선야

지식으로써 이치를 파악하고, 인(仁)이 그것을 지켜내고, 장엄한 인격으로써 임하더라도, 백성을 예(禮)로써 동원하지 않으면, 아직 온전하다고 말할 수 없다."

이것은 개인의 도덕의식을 말한 것이 아니라 사회윤리, 특히 정치윤리를 말하는 것입니다.

높은 지위에 오른 사람은 그에 걸맞은 인격을 가져야 그 자리를 유지할 수 있는데,

장 이 리 지
莊以涖之

장엄하게 / 임하다

군자는 무게 있게 행동하지 않으면 위엄이 없고, 학문을 해도 견고하지 못하게 된다.
- [학이] 8

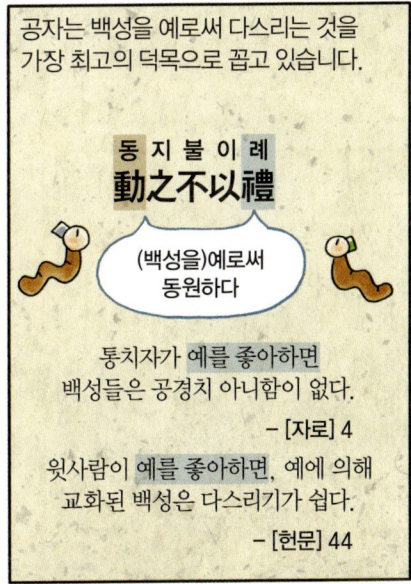

공자는 백성을 예로써 다스리는 것을 가장 최고의 덕목으로 꼽고 있습니다.

동 지 불 이 례
動之不以禮

(백성을)예로써 동원하다

통치자가 예를 좋아하면 백성들은 공경치 아니함이 없다.
- [자로] 4

윗사람이 예를 좋아하면, 예에 의해 교화된 백성은 다스리기가 쉽다.
- [헌문] 44

15-33 子曰:"君子不可小知, 而可大受也; 小人不可大受, 而可小知也."
자왈 군자불가소지 이가대수야 소인불가대수 이가소지야

공자께서 말씀하셨다. "군자의 인격은 작은 일로써는 헤아리기 어렵지만 큰일에 있어서는 크게 배울 점이 있다. 소인의 인격은 큰일에 있어서는 배울 점이 없으나 작은 일에 있어서는 그래도 배울 만한 것이 있다."

15-34 子曰:"民之於仁也, 甚於水火. 水火, 吾見蹈而死者矣,
자왈 민지어인야 심어수화 수화 오견도이사자의

未見蹈仁而死者也."
미견도인이사자야

공자께서 말씀하셨다. "백성이 인(仁)을 필요로 함은 물과 불을 필요로 하는 것보다 더 절실한 것이다. 물·불을 밟고 죽는 자는 내가 보았으나 인(仁)을 밟고 죽는 자는 내가 본 적이 없다."

15-35 子曰:"當仁, 不讓於師."
　　　 자왈　 당인　 불양어사

공자께서 말씀하셨다.

"인(仁)에 당(當)하여서는 선생에게도 양보하지 않는다."

15-36 子曰:"君子貞而不諒."
　　　 자왈　 군자정이불량

공자께서 말씀하셨다.

"군자는 정도를 따르고 작은 신의에 얽매이지 않는다."

15-37 子曰:"事君, 敬其事而後其食."
자왈   사군 경기사이후기식

공자께서 말씀하셨다.   "임금을 섬기는 데 있어서는 그 일(事)을 공경히 하는 것을 첫째로 삼고, 그 밥(食)을 먹는 것은 뒤로 한다."

15-38 子曰:"有教無類."
자왈   유교무류

공자께서 말씀하셨다.

"오직 가르침만 있을 뿐, 류(類)적 차별은 있을 수 없다."

15-39 子曰:"道不同, 不相爲謀."
자왈 도부동 불상위모

공자께서 말씀하셨다. "도(道)가 같지 않으면, 서로 도모하지 말아야 한다."

가는 길이 다른 사람들, 삶의 지향이 다른 사람들과는 어떤 일을 함께 이루어내기 어렵습니다.

끼리끼리 모이자는 말이 아니라 현실적인 지혜를 말하는 것이죠.
따로 묶자!

우선 도를 같이 하는 사람들끼리만 뭉칠 수 있어도 세계는 바뀔 수 있습니다.
그들조차 대화가 단절되어 있다는 것이 문제일 뿐이죠.

15-40 子曰:"辭, 達而已矣!"
자왈 사 달이이의

공자께서 말씀하셨다.

"인간의 말이란 그 뜻이 통달되는 것을 첫째로 삼을 뿐이다."

제가 〈논어〉 속에서 가장 사랑하고 아끼면서 마음속에 새겨보는 명구입니다.

저는 평생 철학을 공부해왔으나 평생 품은 불만이
사 辭 — 말, 말씀
말은 말인데…

철학책들이 도무지 여기서 말하는 '달'을 거부하고 있다는 점입니다.
달 達 — 막힘 없이 알다
무슨 말인지 모르겠어!

15-41 師冕見, 及階, 子曰: "階也." 及席, 子曰: "席也." 皆坐,
사 면 견 급 계 자 왈   계 야   급 석 자 왈   석 야   개 좌

子告之曰: "某在斯, 某在斯."
자 고 지 왈   모 재 사   모 재 사

공문(孔門)에 강사로 나오는 장님 악사 면(冕)이 뜨락에 나타났다.
그가 계단에 이르자, 공자께서 말씀하셨다.
"계단입니다."
그가 방석자리에 이르자 공자께서 말씀하셨다.
"자리입니다."

모두가 자리에 앉자, 공자께서는 악사 면에게 일일이 고하여 말씀하셨다.
"아무개 학생이 여기 앉아 있고, 아무개 학생은 저기 앉아 있습니다."

師冕出. 子張問曰: "與師言之道與?" 子曰: "然, 固相師之道也."
사면출 자장문왈 여사언지도여 자왈 연 고상사지도야

악사 면이 퇴출하자,
자장(子張)이 여쭈어 말하였다.

"악사와 더불어 말씀하시는 도(道)입니까?"

이에 공자께서 말씀하셨다.

"그렇다. 원래 악사 선생님을 도와드리는 방법이 그러하다."

계씨제십육(季氏第十六)

16-1 季氏將伐顓臾. 冉有季路見於孔子曰:"季氏將有事於顓臾."
계씨장벌전유　염유계로견어공자왈　　계씨장유사어전유

계씨(季氏)가 전유(顓臾) 땅을 정벌하려 하였다.
염유(冉有)와 계로(季路)가 공자를 뵈옵고 말씀드렸다.

"계씨가 전유에서 장차 일을 벌이려고 합니다."

孔子曰: "求無乃爾是過與? 夫顓臾, 昔者先王以爲東蒙主,
공자왈　구무내이시과여　부전유　석자선왕이위동몽주

且在邦域之中矣, 是社稷之臣也. 何以伐爲?"
차재방역지중의　시사직지신야　하이벌위

이에 공자께서 말씀하셨다.

"구(求: 염유)야! 이것은 너의 잘못이 아니냐? 저 전유는 옛적에 선왕(先王: 무왕·주공)께서 동몽산(東蒙山)의 제주(祭主)로 삼으셨고, 또한 우리 노나라 방역(邦域) 속에 위치하고 있으니, 이는 우리 사직(社稷)의 신하이다. 어찌 일개 대부인 계씨가 사직의 신하를 사욕 때문에 정벌할 수 있겠는가?"

冉有曰: "夫子欲之, 吾二臣者皆不欲也."
염유왈　부자욕지　오이신자개불욕야

孔子曰: "求! 周任有言曰: '陳力就列, 不能者止.'
공자왈　구　주임유언왈　진력취열　불능자지

염유가 말하였다.

"계강자 부자(夫子)께서 하시려는 것입니다. 저희 두 신하는 모두 이 일을 원치 않습니다."

이에 공자께서 말씀하셨다.

"구(求)야! 옛 사관(史官) 주임(周任)이 한 명언 중에 다음과 같은 말이 있다.

'능력을 펼쳐 대열에 끼어도 능히 할 수 없으면 그 자리를 떠나라.'

危而不持, 顚而不扶, 則將焉用彼相矣? 且爾言過矣!
위 이 부 지　전 이 불 부　즉 장 언 용 피 상 의　　차 이 언 과 의

虎兕出於柙, 龜玉毁於櫝中, 是誰之過與?"
호 시 출 어 합　귀 옥 훼 어 독 중　시 수 지 과 여

위태로운데 지지하지 못하고, 넘어지려는데 부축하지 못한다면
과연 저 신하를 어디에다 쓰겠는가? 그뿐이랴! 네 말이 잘못되었다.
호랑이와 코뿔소가 우리(柙)에서 뛰쳐나와 그 옥(玉)보다도
더 소중한 점복용 거북딱지가 담긴 궤를 밟아 거북딱지가
궤 속에서 다 으스러져 버렸다면, 이것이 과연 누구의 잘못이겠는가?
우리(柙)의 관리자인 너의 잘못이 아니더냐?"

冉有曰: "今夫顓臾, 固而近於費. 今不取, 後世必爲子孫憂."
염 유 왈　　금 부 전 유　고 이 근 어 비　금 불 취　후 세 필 위 자 손 우

염유가 말하였다.

"지금 저 전유는 견고한 요새이며
또 계씨의 비읍(費邑)에서 가깝습니다.
지금 취하지 아니 하면 후세에 반드시
자손의 우환이 될 것입니다."

孔子曰: "求! 君子疾夫舍曰欲之, 而必爲之辭. 丘也聞有國有家者,
공 자 왈　　구　군 자 질 부 사 왈 욕 지　이 필 위 지 사　구 야 문 유 국 유 가 자

不患寡而患不均, 不患貧而患不安.
불 환 과 이 환 불 균　불 환 빈 이 환 불 안

이에 공자께서 말씀하셨다.

"구(求)야! 군자는 하고 싶어하는 일을 한다고
솔직히 말하지 아니 하고 굳이 변명하는 것을 혐오한다.
나는 이렇게 들어왔다. 나라(國)를 소유하고
가(家)를 소유한 자는 백성이 적은 것을 걱정치
아니 하고 균등치 못한 것을 걱정하며,
가난함을 걱정치 아니 하고 편안치 못한 것을 걱정한다.

蓋均無貧, 和無寡, 安無傾. 夫如是, 故遠人不服, 則修文德以來之.
개균무빈　화무과　안무경　부여시　고원인불복　즉수문덕이래지
旣來之, 則安之.
기래지　즉안지

　　대저 균등하면 가난이 없고, 화목하면 인구 적을 걱정이 없고,
　　편안하면 기울어질 염려가 없다. 이와 같은 이유로,
　　먼 지방 사람들이 복종치 아니 하면 오히려 나의 문덕(文德)을
　　닦아서 그들을 오게 하며, 그들이 오면 또한 그들을 편안케 해준다.

今由與求也, 相夫子, 遠人不服, 而不能來也; 邦分崩離析,
금유여구야　상부자　원인불복　이불능래야　방분붕리석
而不能守也; 而謀動干戈於邦內.
이불능수야　이모동간과어방내

　　지금 유(由: 자로)와 구(求: 염유)는 계씨 부자(夫子)를 돕고 있다.
　　그러나 먼 지방 사람들이 복종치 아니 하는데도 그들이 자발적으로
　　오게 만들지 못하며, 나라가 분열되고 붕괴되는데도
　　나라를 지키지도 못하고, 오히려 창과 방패를 노나라 방역 내에서
　　동원할 것만 도모하고 있으니,

吾恐季孫之憂, 不在顓臾, 而在蕭墻之內也."
오공계손지우　부재전유　이재소장지내야

　　　　　나는 계손(季孫)의 우환이
　　　　　전유에 있지 아니 하고
　　　　제 안방에 있을까 두렵노라."

계씨제십육(季氏第十六)

16-2 孔子曰：“天下有道, 則禮樂征伐自天子出; 天下無道,
공자왈　천하유도　즉예악정벌자천자출　천하무도

則禮樂征伐自諸侯出. 自諸侯出, 蓋十世希不失矣;
즉예악정벌자제후출　자제후출　개십세희불실의

공자께서 말씀하셨다.

"천하에 도가 있으면 예악(禮樂)과 정벌(征伐)이 천자(天子)로부터 나오고, 천하에 도가 없으면 예악과 정벌이 제후로부터 나온다. 제후로부터 나오면 대저 열 세대에 붕괴되지 않는 정권이 드물고,

自大夫出, 五世希不失矣; 陪臣執國命, 三世希不失矣.
자대부출　오세희불실의　배신집국명　삼세희불실의

天下有道, 則政不在大夫. 天下有道, 則庶人不議."
천하유도　즉정부재대부　천하유도　즉서인불의

대부로부터 나오면 다섯 세대에 붕괴되지 않는 정권이 드물고, 모시던 신하(배신陪臣)가 나라의 운명을 쥐면 세 세대에 붕괴되지 않는 정권이 드물다. 천하에 도(道)가 있으면 정치권력이 대부(大夫)에게 있지 아니 하고, 천하에 도가 있으면 서인(庶人)이 의론(議論)치 아니 한다."

계씨제십육(季氏第十六)

16-3

孔子曰: "祿之去公室, 五世矣; 政逮於大夫, 四世矣.
故夫三桓之子孫, 微矣!"

공자왈 녹지거공실 오세의 정체어대부 사세의
고 부 삼 환 지 자 손 미 의

공자께서 말씀하셨다.

"작록(爵祿)이 공실(公室)을 떠난 지가 다섯 세대나 되었다.
정치권력이 대부의 손아귀로 들어간 것이 네 세대나 되었다. 보라!
저 삼환의 자손들이 쇠미(衰微)해지고 있지 아니 한가!"

16-4 孔子曰:"益者三友, 損者三友. 友直, 友諒, 友多聞, 益矣.
友便辟, 友善柔, 友便佞, 損矣."

공자께서 말씀하셨다.

"나를 보태주는 친구가 세 종류가 있고, 나를 깎아내리는 친구가 세 종류가 있다. 강직한 자를 벗하고, 성실한 자를 벗하고, 박식한 자를 벗하면 나에게 보탬이 된다. 어려운 것을 피하기만 하는 얌체를 벗하고, 유(柔)하고 좋은 말만 골라하는 호인을 벗하고, 편의에 따라 발림 말만 하는 아첨꾼을 벗하면 나를 깎아내린다."

공자가 사귀어서 유익한 벗과

손해 보는 벗을 각각 골라주었다고 합니다.

그런데 도덕교과서에나 나올 법한 이런 말을 정말 공자가 직접 했을까요?

여기서 우리는 '자왈' 말씀과 '공자왈' 말씀의 수준 차이를 느낄 수 있습니다.

제가 어렸을 적만 해도 가장 많이 들은 공자님 말씀이 바로 이런 류의 '공자왈'이었죠.

후대의 유교가 얼마나 형식적이고 원류에서 멀어졌는지 알 수 있습니다.

16-5 孔子曰: "益者三樂, 損者三樂. 樂節禮樂, 樂道人之善,
공자왈　익자삼락　손자삼락　낙절예악　낙도인지선

樂多賢友, 益矣. 樂驕樂, 樂佚遊, 樂晏樂, 損矣."
낙다현우　익의　낙교락　낙일유　낙안락　손의

공자께서 말씀하셨다.

"나를 보태주는 즐거움이 세 가지가 있고, 나를 깎아내리는 즐거움이 세 가지가 있다. 예악(禮樂)을 절도에 맞추어 따르는 것을 즐거워하고, 타인의 선(善)을 말해주는 것을 즐거워하고, 현명한 친구가 많은 것을 즐거워하는 것은 나를 보태주는 것이다.
교만과 방자를 즐거워하고, 안일하고 게으른 것을 즐거워하고, 모여 향락하는 것을 즐거워하는 것은 나를 깎아내리는 것이다."

16-6
孔子曰: "侍於君子有三愆: 言未及之而言, 謂之躁.
言及之而不言, 謂之隱. 未見顏色而言, 謂之瞽."

공자왈　시어군자유삼건　언미급지이언　위지조
언급지이불언　위지은　미견안색이언　위지고

공자께서 말씀하셨다. "군자(어른)를 모시는 데 세 가지 허물이 있다: 어른의 말씀이 미치지도 않았는데 자기가 먼저 말하는 것을 덜렁댄다 일컫고, 어른의 말씀이 거기에 미쳤는데도 아무 말도 하지 않는 것을 숨긴다 일컫고, 어른의 안색을 살피지도 않고 마구 지껄이는 것을 막무가내 장님이라 일컫는다."

한·중·일 세 나라 중에서 그래도 이런 예의가 밑바닥에 가장 많이 깔려 있는 것이 우리나라일 겁니다.

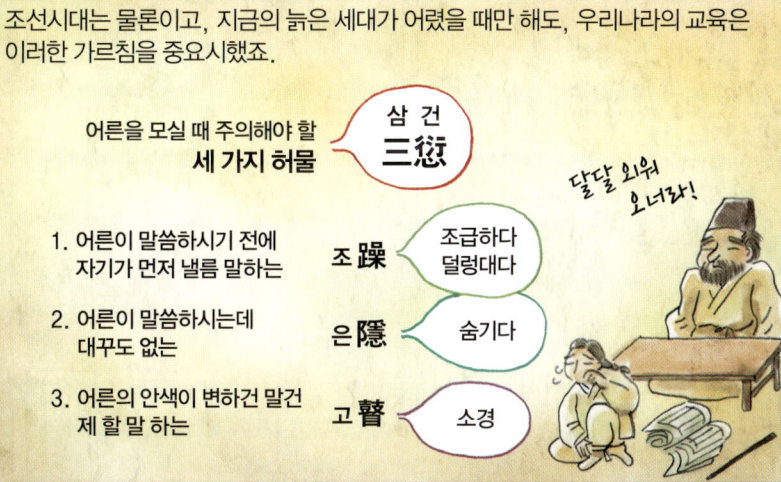

조선시대는 물론이고, 지금의 늙은 세대가 어렸을 때만 해도, 우리나라의 교육은 이러한 가르침을 중요시했죠.

어른을 모실 때 주의해야 할 **세 가지 허물** / **삼건 三愆**

1. 어른이 말씀하시기 전에 자기가 먼저 냉큼 말하는 — 조 躁 — 조급하다 덜렁대다
2. 어른이 말씀하시는데 대꾸도 없는 — 은 隱 — 숨기다
3. 어른의 안색이 변하건 말건 제 할 말 하는 — 고 瞽 — 소경

달달 외워 오너라!

문제는, 이런 교육의 영향이 아직 남아 있는 나이 든 세대와

요즘 젊은 애들은 기본적인 예의와 배려가 없어!

나가지가 없어!

서양식 교육을 받고 자란 젊은 세대 간의 생각의 차가 너무 크다는 것인데

남 눈치 보기 보다 내 할 말 잘하는 게 더 중요하죠.

답답한 어르신!

넘을 수 없는 벽(?)

예절의 급을 낮추는 것만이 '현대화'는 아닐 겁니다.

고집을 좀 줄일게.

잘 보고 배우겠습니다.

넘을 수 있는 벽!

계씨제십육(季氏第十六)

16-7 孔子曰: "君子有三戒: 少之時, 血氣未定, 戒之在色. 及其壯也,
공자왈   군자유삼계   소지시   혈기미정   계지재색   급기장야

血氣方剛, 戒之在鬪. 及其老也, 血氣旣衰, 戒之在得."
혈기방강   계지재투   급기노야   혈기기쇠   계지재득

공자께서 말씀하셨다.
"군자에게는 세 가지 경계(警戒)가 있다: 어릴 적에는 혈기(血氣)가 아직 안정되지 않았으니 경계함이 색(色)에 있고, 커서는 혈기가 한창 강건하니 경계함이 투(鬪)에 있고, 늙어서는 혈기가 이미 쇠미하니 경계함이 득(得)에 있다."

매우 좋은 말이긴 한데 과연 이런 말이 공자의 말일까요?
'공자왈'을 빌려 만들어진 후대의 격언일 겁니다.

과거 한국 사람들은 이 장의 말씀을 어려서부터 가장 많이 듣고 자랐는데,

여기에 실려 있었기 때문이죠.

이제 우리는 이런 명심보감류의 유교에서는 벗어나야 합니다.

달달 외워서 형식적으로 실천하는 유교

크게 나쁜 말은 없지만 어려서 너무 형식에 얽매인 유교를 접하면 평생 그 틀에서 벗어나기 어렵기 때문이죠.

소인배가 되었습니다

이것이야말로 공자가 참으로 경계한 것입니다.

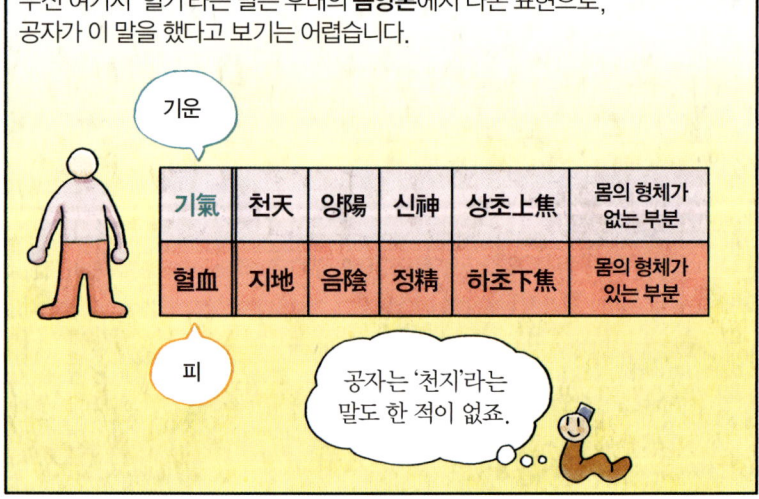

우선 여기서 '혈기'라는 말은 후대의 **음양론**에서 나온 표현으로, 공자가 이 말을 했다고 보기는 어렵습니다.

기운

| 기氣 | 천天 | 양陽 | 신神 | 상초上焦 | 몸의 형체가 없는 부분 |
| 혈血 | 지地 | 음陰 | 정精 | 하초下焦 | 몸의 형체가 있는 부분 |

피

공자는 '천지'라는 말도 한 적이 없죠.

16-8 孔子曰:"君子有三畏: 畏天命, 畏大人, 畏聖人之言.
공자왈　군자유삼외　외천명　외대인　외성인지언

小人不知天命而不畏也, 狎大人, 侮聖人之言."
소인부지천명이불외야　압대인　모성인지언

공자께서 말씀하셨다.
"군자에게는 세 가지 외경이 있다: 천명(天命)을 경외하고, 대인(大人)을 경외하고, 성인의 말씀을 경외한다. 소인은 천명을 알지 못해 두려워하지 않는다. 대인(大人)을 깔보며 성인의 말씀을 모독한다."

여기서 '외'는 깊은 의미를 지니는 '두려움'을 말합니다.

외 畏 — 공경하고 두려워하다

천명　대인　성인의 말씀

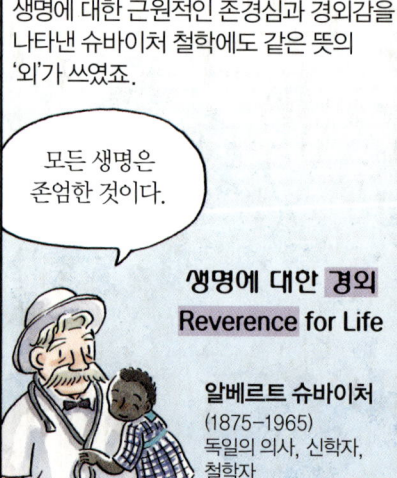

생명에 대한 근원적인 존경심과 경외감을 나타낸 슈바이처 철학에도 같은 뜻의 '외'가 쓰였죠.

"모든 생명은 존엄한 것이다."

생명에 대한 경외
Reverence for Life

알베르트 슈바이처
(1875-1965)
독일의 의사, 신학자, 철학자

이 장도 확실히 공자의 말씀은 아닙니다.

그러나 좋은 말인 것은 틀림없죠.

(알아두면 좋은 말...)

16-9 孔子曰:"生而知之者, 上也. 學而知之者, 次也.
공자왈　생이지지자　상야　학이지지자　차야

困而學之, 又其次也. 困而不學, 民斯爲下矣."
곤이학지　우기차야　곤이불학　민사위하의

공자께서 말씀하셨다.
"태어나면서부터 아는 자가 최상의 인간이며, 배워서 아는 자가 그 다음의 인간이며, 곤요롭게 배워서 아는 자가 또 그 다음의 인간이다. 곤요로운데도 배우지 아니 하는 자는 인간으로서 최하의 인간이 된다."

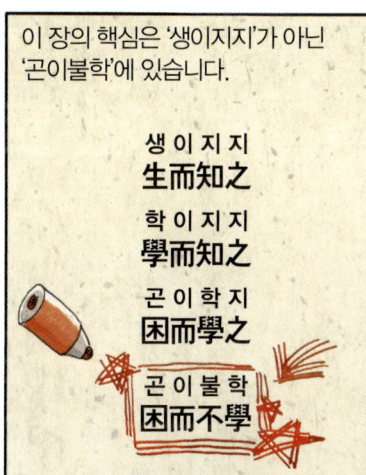

16-10 孔子曰: "君子有九思: 視思明, 聽思聰, 色思溫, 貌思恭,
　　　　공자왈　　군자유구사　　시사명　　청사총　　색사온　　모사공

言思忠, 事思敬, 疑思問, 忿思難, 見得思義."
언사충　사사경　의사문　분사난　견득사의

공자께서 말씀하셨다.

"군자에게는 아홉 가지 생각이 있다: 볼 때에는 밝음(明)을 생각하며,
들을 때에는 귀밝음(聰)을 생각하며, 얼굴빛 가짐에는 온화함(溫)을 생각하며,
행동거지에는 공손함(恭)을 생각하며, 말에는 진심에서 우러나옴(忠)을 생각하며,
일에는 공경 집중함(敬)을 생각하며, 의심에는 물어 풀 것(問)을 생각하며,
분노에는 더 큰 어려움이 결과됨(難)을 생각하며, 득을 보면 의로움(義)을 생각한다."

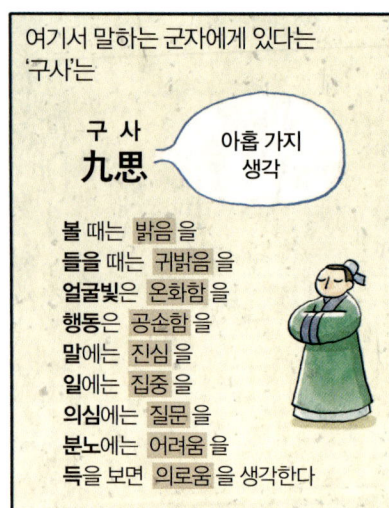

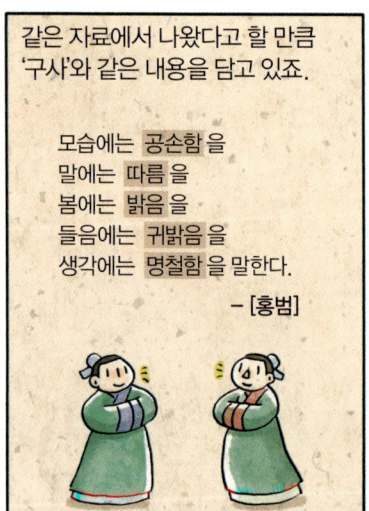

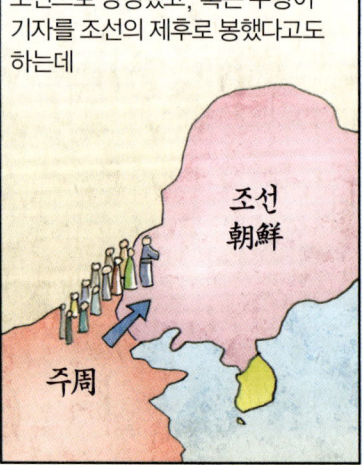

16-11 孔子曰: "見善如不及, 見不善如探湯. 吾見其人矣, 吾聞其語矣!
공자왈   견선여불급   견불선여탐탕   오견기인의   오문기어의

隱居以求其志, 行義以達其道. 吾聞其語矣, 未見其人也!"
은거이구기지   행의이달기도   오문기어의   미견기인야

공자께서 말씀하셨다.

"선(善)을 보면 미치지 못함을 애처롭게 생각하면서 달려가고,
불선(不善)을 보면 끓는 물이 손에 닿은 것처럼 손을 빼고 물러나는 사람,
나는 그런 사람을 이 내 두 눈으로 보았다. 그리고 옛말에 기록된 것도 들었다!
그러나 드러내지 않고 살면서도 그 뜻을 구하고,
의로움(義)을 행하면서 꿋꿋이 그 도(道)를 완성시키는 사람,
나는 그런 사람이 옛말에 기록된 것은 들었으나, 아직 두 눈으로 보지는 못하였노라."

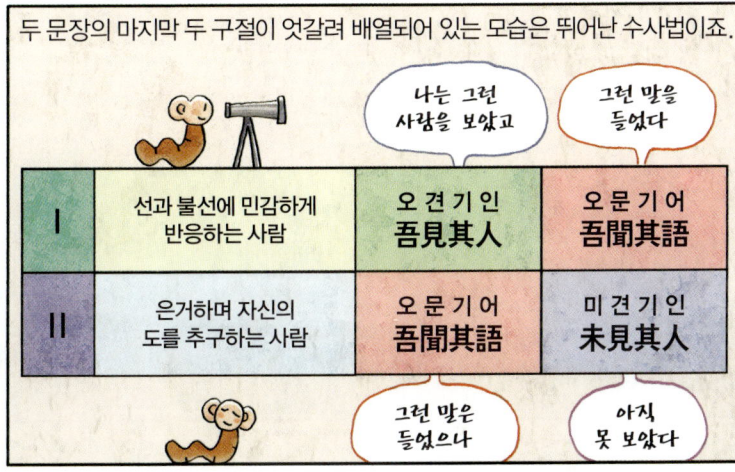

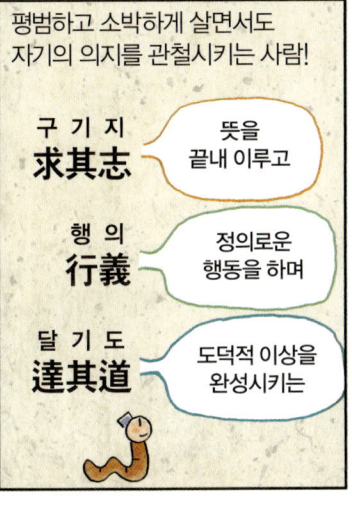

계씨제십육(季氏第十六) 171

16-12 齊景公有馬千駟, 死之日, 民無德而稱焉.
제 경 공 유 마 천 사   사 지 일   민 무 덕 이 칭 언

伯夷、叔齊餓于首陽之下, 民到于今稱之. 其斯之謂與.
백 이   숙 제 아 우 수 양 지 하   민 도 우 금 칭 지   기 사 지 위 여

제나라 경공(景公)은 천 수레의 말 4천 마리를 소유하였으나
죽는 날에는 사람들이 그 덕(德)을 칭송함이 없었고,
백이(伯夷)와 숙제(叔齊)는 수양산(首陽山) 아래에서 굶어 죽었으나
사람들이 지금에 이르도록 칭송하고 있다. 이것을 두고 한 말일 것이다.

이 장은 주어가 생략되어 있어 공자의 말인지 아닌지 알 수 없습니다.

경공은 자신의 형 장공을 죽인 대부 최저에 의해 군주가 되어

내 말만 잘 들으면 된다!

경공 27세

최저가 제나라의 군주를 시해하였다. - [공야장] 18

장공

형을 죽인 역적들을 처벌하지 못한 채 나라를 다스렸죠.

천 수레의 부(富)

나라를 사양한 백이·숙제의 굶주림

경공 자신은 사치를 즐기는 어리석은 임금이었으나, 명재상 안영의 의견을 잘 받아들여 제나라는 번영을 누렸죠.

경공 치세 기간
BC 547-490

무려 58년

가늘고 길~~게~

안영

'기사위지여' 앞에 뭔가 빠진 말이 있는 듯하지만, 전체적인 메시지는 명료합니다.

물질적인 풍요로움이 그 사람의 영원한 가치를 보장하지는 않는다.

카네기나 록펠러의 이름이 역사에 남은 것은 단지 돈 때문이 아닙니다.

그들이 자신의 부의 가치를 모든 사람과 문화적으로 공유했기 때문이죠.

카네기 재단 록펠러 재단

16-13 陳亢問於伯魚曰:"子亦有異聞乎?" 對曰:"未也. 嘗獨立,
진항문어백어왈　자역유이문호　　대왈　미야　상독립
鯉趨而過庭. 曰:'學詩乎?' 對曰:'未也.' 不學詩,
리추이과정　왈　학시호　　대왈　미야　　불학시
無以言.' 鯉退而學詩.
무이언　　리퇴이학시

진항(陳亢)이 공자의 아들 백어(伯魚)에게 물어 말하였다.

"당신은 아드님이시니 역시 좀 특별한 것을 배우는 것이 있으시겠군요?"

이에 백어가 대답하였다.

"그런 것은 아무것도 없다. 아버지께서 일찍이 홀로 서 계실 때에 내가 빠른 걸음으로 집안 뜰을 지나가는데 말씀하셨다: '시(詩)를 배우고 있느냐?' 그래서 내가, '아직 못 배웠습니다'라고 대답하였더니, '시를 배우지 않으면 말조차 제대로 할 수 없느니라' 말씀하시므로, 나 리(鯉)는 물러나자마자 시(詩)를 배웠노라.

他日, 又獨立, 鯉趨而過庭. 曰:'學禮乎?' 對曰,'未也.'
타일　우독립　리추이과정　왈　학례호　　대왈　미야
'不學禮, 無以立.' 鯉退而學禮. 聞斯二者."
불학례　무이립　　리퇴이학례　문사이자

다른 날에 또 아버지께서 홀로 서 계실 때에 내가 빠른 걸음으로 집안 뜰을 지나가는데 말씀하셨다: '예(禮)를 배우고 있느냐?' 그래서 내가, '아직 못 배웠습니다'라고 대답하였더니, '예(禮)를 배우지 않으면 제대로 설 수조차 없느니라' 말씀하시므로, 나 리(鯉)는 물러나자마자 예(禮)를 배웠노라. 이 두 가지를 아버지로부터 들었노라."

陳亢退而喜曰:"問一得三, 聞詩聞禮, 又聞君子之遠其子也."
진항퇴이희왈　문일득삼　문시문례　우문군자지원기자야

진항이 물러나와 기뻐하면서 말하였다.

"하나를 물어 셋을 들었으니 이 아니 기쁠손가! 시(詩)를 들었고, 예(禮)를 들었으며, 또한 군자는 아들이라고 특별히 대접치 아니 함을 들었노라."

계씨제십육(季氏第十六)　173

16-14 邦君之妻, 君稱之曰夫人, 夫人自稱曰小童; 邦人稱之曰君夫人,
방군지처 군칭지왈부인 부인자칭왈소동 방인칭지왈군부인

稱諸異邦曰寡小君; 異邦人稱之亦曰君夫人.
칭저이방왈과소군 이방인칭지역왈군부인

나라 임금(제후)의 처(妻)를 임금이 부를 때는 '부인'이라 하고,
부인이 자기를 스스로 칭할 때는 '소동'이라 한다.
나라 사람들이 그 여자를 칭할 때는 '군부인'이라고 하나,
딴 나라 사람들에게 그 여자를 칭할 때는 '과소군'이라고 한다.
그러나 딴 나라 사람들이 그 여자를 칭할 때는 또한 '군부인'이라 한다.

계씨제십육(季氏第十六)

양화제십칠(陽貨第十七)

양화는 공자의 삶에 큰 영향을 끼쳤던 인물의 이름이죠.

양호, 양화

[양화]편에는 공자의 개인적인 이야기와 함께

아버지와 아들

공자   백어

당시의 정치적 상황을 둘러싼 생생한 대화들이 실려 있습니다.

공자의 참모습도 볼 수 있죠.

17-1 陽貨欲見孔子, 孔子不見, 歸孔子豚. 孔子時其亡也,
양화욕견공자　공자불견　귀공자돈　공자시기무야

而往拜之. 遇諸途.
이왕배지　우저도

당시 노나라의 전제적 권력의 소유자였던 양화(陽貨)가 공자를 만나려고 하였다.
공자가 만나려 하지를 않자, 양화는 공자에게 삶은 통멧돼지 한 마리를 선물로
예를 갖추어 보내었다. 이제 사례를 아니 할 수 없는지라
공자는 양화가 집에 있지 않은 틈을 타서 예방하려 하였으나,
그만 가는 도중에 그와 맞부딪히고 말았다.

謂孔子曰: "來! 予與爾言." 曰: "懷其寶而迷其邦, 可謂仁乎?"
위공자왈　래　여여이언　왈　회기보이미기방　가위인호

曰: "不可."
왈　불가

양화가 공자를 불러 말하기를,
"이리 오시오. 내 그대와
더불어 말 좀 하리이다."

그가 말하였다.
"찬란한 보석과도 같은 재능을 가슴에 품고도
나라를 어지러운 채 버려두는 것을 인(仁)이라
일컬을 수 있겠소?"

공자께서 말씀하셨다.
"그렇지 않소이다."

"好從事而亟失時, 可謂知乎?" 曰: "不可."
호종사이기실시　가위지호　왈　불가

(양화가 말하였다)
"종사(從事)하기를 좋아하면서 때를 자주
놓치는 것을 지혜롭다 일컬을 수 있겠소?"

이에 공자께서 말씀하셨다.
"그렇지 않소이다."

"日月逝矣, 歲不我與!" 孔子曰: "諾, 吾將仕矣!"
일월서의　세불아여　공자왈　낙　오장사의

(양화가 말하였다)
"일월(日月)이 흐르는구료.
세월은 내 뜻과 더불어 흐르지 않습니다."

공자께서 말씀하셨다.
"알겠습니다. 언젠가 나도
벼슬을 하리이다."

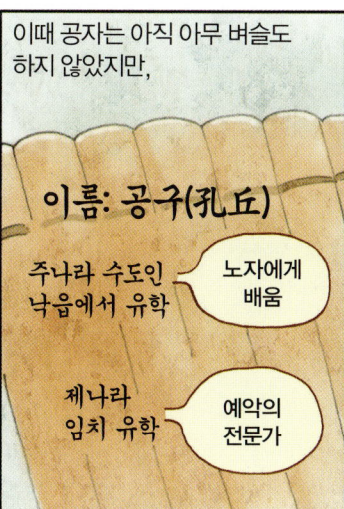

양화제십칠(陽貨第十七)

17-2 子曰:"性相近也, 習相遠也."
자왈 성상근야 습상원야

공자께서 말씀하셨다.

"태어나면서 사람의 본성은 서로 비슷한 것이지만,
후천적 학습에 의하여 서로 멀어지게 된다."

공자의 정치적 참여 문제를 다룬 바로 다음 장에 인간의 교육 가능성에 관한 내용이 나오고 있는 것은

정치 대신 교육을 택한 공자의 행보와도 관련이 있을 겁니다.

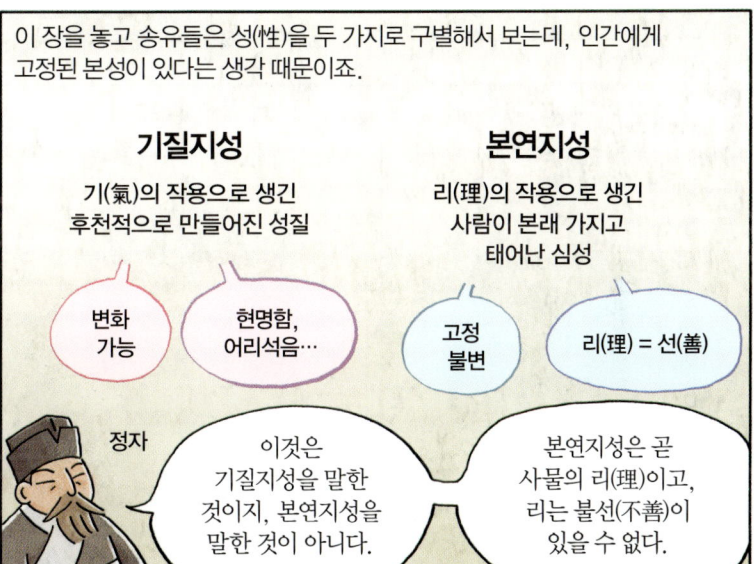

이 장을 놓고 송유들은 성(性)을 두 가지로 구별해서 보는데, 인간에게 고정된 본성이 있다는 생각 때문이죠.

기질지성
기(氣)의 작용으로 생긴 후천적으로 만들어진 성질
- 변화 가능
- 현명함, 어리석음…

본연지성
리(理)의 작용으로 생긴 사람이 본래 가지고 태어난 심성
- 고정 불변
- 리(理) = 선(善)

정자: 이것은 기질지성을 말한 것이지, 본연지성을 말한 것이 아니다.

본연지성은 곧 사물의 리(理)이고, 리는 불선(不善)이 있을 수 없다.

그러나 공자는 인간의 본성을 진지하게 논의하기 위해 '성'을 이야기한 것이 아닙니다.

공자는 인간의 심성에 대해 철학적 연구를 할 만큼 여유로운 사람이 아니었죠.

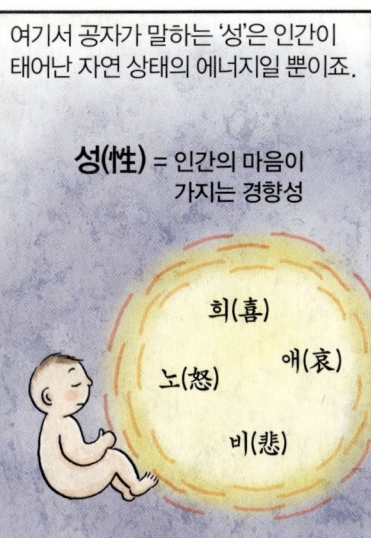

여기서 공자가 말하는 '성'은 인간이 태어난 자연 상태의 에너지일 뿐이죠.

성(性) = 인간의 마음이 가지는 경향성

희(喜) 노(怒) 애(哀) 비(悲)

'성'은 본래 정해진 목표가 없기 때문에 바깥 세계의 영향을 받으며 형성되어 가면서

호好: 엄마, 놀이, 음악, 배 마사지

오惡: 축축한 기저귀, 배고픔, 더위, 추위

양화제십칠(陽貨第十七)

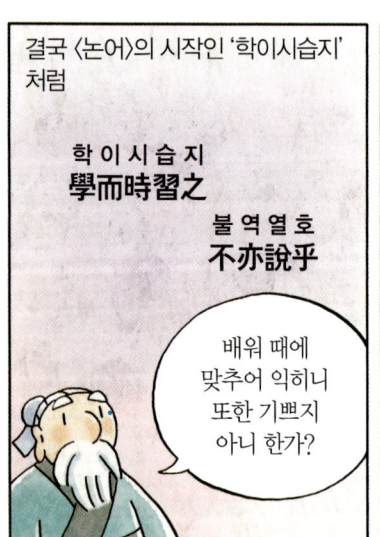

17-3 子曰:"唯上知與下愚不移."
자왈 유상지여하우불이

공자께서 말씀하셨다.

"오직 상지(上知)와 하우(下愚)는 쉽게 움직여지지 않는다."

17-4 子之武城, 聞弦歌之聲. 夫子莞爾而笑, 曰:"割鷄焉用牛刀?"
자 지 무 성 문 현 가 지 성 부 자 완 이 이 소 왈 할 계 언 용 우 도

공자께서 자유(子游)가 읍재 노릇을 하고 있었던 무성(武城)으로 가셨다.
무성 동리 방방곡곡에서 현악기에 맞추어 부르는 아름다운 노랫소리가 들려왔다.
부자께서는 빙그레 미소 지으시며 말씀하셨다.

"닭을 잡는데, 어찌하여 소 잡는 칼을 쓰느냐?"

子游對曰:"昔者偃也聞諸夫子曰:'君子學道則愛人, 小人學道則易使也.'"
자 유 대 왈 석 자 언 야 문 저 부 자 왈 군 자 학 도 즉 애 인 소 인 학 도 즉 이 사 야

子曰:"二三子! 偃之言是也. 前言戲之耳!"
자 왈 이 삼 자 언 지 언 시 야 전 언 희 지 이

이에 자유(子游)가 대꾸하여 말씀드렸다.

"예전에 언(偃: 자유의 이름) 제가,
선생님께서 '군자는 도(道)를 배우면
사람을 사랑하게 되고, 소인이 도를 배우면
부리기 쉬운 교양 있는 사람이 되느니라'
라고 말씀하시는 것을 들었나이다."

공자께서 말씀하셨다.

"얘들아! 언(偃)의 말이 옳다.
방금 내가 한 말은 농담이니라."

무성의 읍재를 지낸 자유는 공자 사후에 강력한 학파를 형성했고, 맹자에게도 깊은 영향을 끼쳤죠.

공자가 예악의 대중교육을 최초로 시도한 자유를 슬쩍 꼬집어보자,

자유는 굽히지 않고 자신의 주장을 또박또박 말합니다.

17-5 公山弗擾以費畔, 召, 子欲往. 子路不說,
공산불요이비반 소 자욕왕 자로불열
曰:"末之也已, 何必公山氏之之也?"
왈 말지야이 하필공산씨지지야

계씨의 가신이며 양호의 동조세력이었던 공산불요(公山弗擾)가 비읍(費邑)을 거점으로 또 모반(謀反)하였다. 그는 정식으로 공자를 초빙하였다. 그러자 공자는 공산불요에게 가담하려고 하였다.
이때 자로(子路)가 되게 기분 나빠하면서 말하였다.

"가실 곳이 없으면 그만두실 것이지,
하필이면 공산불요 그 녀석에게 가신단 말씀입니까?"

子曰:"夫召我者, 而豈徒哉? 如有用我者, 吾其爲東周乎!"
자왈 부소아자 이기도재 여유용아자 오기위동주호

이에 공자가 말씀하셨다.

"대저 나를 정식으로 초빙하는 자가 어찌 하릴없이
날 데려가겠느냐? 누구라도 나를 써주는 자가 있다면
나는 동주(東周)를 새로 창조하리라!"

공산불요는 양호와 함께 계씨의 가신(家臣)이었는데

공산불요
성씨 이름

'공산불뉴'라고도 하죠.

노나라 대부

양호가 권력을 잃고 달아난 뒤 비(費) 땅에서 반란을 일으키고

삼환의 반격

뭔가 하지 않으면 나도 죽겠군.

스스로 비읍의 읍재가 되었죠.

이제 협상해 봅시다!

삼환

비費

양화제십칠(陽貨第十七)

17-6 子張問仁於孔子. 孔子曰: "能行五者於天下, 爲仁矣." "請問之."
자장문인어공자 공자왈 능행오자어천하 위인의 청문지

자장(子張)이 공자에게 인(仁)을 여쭈었다.
이에 공자께서 말씀하셨다.

"천하(天下)에 능히 다섯 가지를
실현할 수 있으면,
인(仁)하게 될 수 있다."

"그 다섯 가지가 무엇입니까?"

曰: "恭、寬、信、敏、惠. 恭則不侮, 寬則得衆, 信則人任焉,
왈 공 관 신 민 혜 공즉불모 관즉득중 신즉인임언

敏則有功, 惠則足以使人."
민즉유공 혜즉족이사인

이에 공자께서 말씀하셨다.

"공경함(恭), 너그러움(寬), 신험이 있음(信), 민첩함(敏), 은혜를 베풂(惠)이다.
공손하면 남을 업신여기지 아니 하고, 너그러우면 대중의 마음을 얻게 되고,
신험이 있으면 사람들이 신임하며, 민첩하면 공로가 있게 되고,
은혜를 베풀면 사람들을 넉넉히 부릴 수 있게 된다."

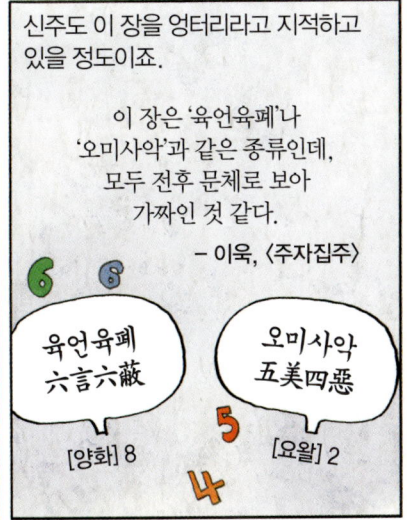

양화제십칠(陽貨第十七)

17-7

佛肸召, 子欲往. 子路曰: "昔者由也聞諸夫子曰: '親於其身爲
필힐소　자욕왕　자로왈　　석자유야문저부자왈　　친어기신위

不善者, 君子不入也.' 佛肸以中牟畔, 子之往也, 如之何?"
불선자　군자불입야　　필힐이중모반　　자지왕야　　여지하

진(晋)나라 중모(中牟) 땅을 거점으로 모반한 필힐(佛肸)이 당시 유랑중이었던
공자를 초빙하였다. 공자는 여기에 가담하러 가려 하였다. 자로(子路)가 말하였다.

"예전에 저 유(由)가 부자(夫子)께서 직접 말씀하시는 것을 들었사온데,
'손수 그 몸에 불선(不善)을 행하는 자 밑으로는 군자는 들어가는 법이 아니다'
라고 말씀하셨습니다. 필힐은 중모읍(中牟邑)을 거점으로 반역을 도모하고 있는데
부자께서 가려하시니 도대체 어찌 된 일입니까?"

子曰: "然, 有是言也. 不曰堅乎, 磨而不磷; 不曰白乎, 涅而不緇.
자왈　연　유시언야　불왈견호　마이불린　불왈백호　열이불치

吾豈匏瓜也哉? 焉能繫而不食!"
오기포과야재　　언능계이불식

공자께서 말씀하셨다.

"그러하다. 내 일찍이 그런 말을 한 적이 있느니라.
단단하다고 말하지 않더냐? 갈아도 얇아지지 않으니!
희다고 말하지 않더냐? 물들여도 검어지지 않으니!
내 어찌 박이 될 수 있겠는가? 어찌 스스로 먹이를 구하지 않고
댕그렁 넝쿨에 매달려 있기만 할 수 있을손가!"

필힐은 진나라의 권력자인 조간자 계열에서 벼슬살이를 했습니다.

필힐 — 진(晋)나라 중모 땅의 읍재

당시 진나라는 노나라처럼 세 대부 가문이 권력을 나눠 갖고 있었는데,

노나라 — 계씨, 맹씨, 숙씨
진나라 — 위씨, 조씨, 한씨

우리가 각자 나라를 세우면서 전국시대가 시작되지~

필힐은 바로 권력을 남용하는 조간자에게 반란을 일으켰던 것이죠.

조씨의 라이벌이던 범씨, 중행씨의 가신이었다는 설도 있지만

조간자

어쨌든 반(反) 조간자!

양화제십칠(陽貨第十七)

17-8

子曰: "由也! 女聞六言六蔽矣乎!" 對曰: "未也." "居! 吾語女.
자왈   유야 여문육언육폐의호   대왈   미야   거 오어여

공자께서 말씀하셨다.

"유(由: 자로)야!
너는 여섯 가지 미덕(六言)에
여섯 가지 폐해(六蔽)가 따른다는
것을 들어보았느냐?"

자로가 대답하여 말하였다.

"아직 듣지 못하였습니다."

이에 공자께서 말씀하셨다.

"게 앉거라! 내 너에게 말해주리라."

好仁不好學, 其蔽也愚; 好知不好學, 其蔽也蕩; 好信不好學, 其蔽也賊;
호인불호학 기폐야우   호지불호학 기폐야탕   호신불호학 기폐야적

인(仁)만 좋아하고 배우기를 좋아하지 않으면 그 폐단은 어리석게 되는 것(愚)이요,
지(知)만 좋아하고 배우기를 좋아하지 않으면 그 폐단은 엉터리 지식꾼이
되는 것(蕩)이요, 신(信)만 좋아하고 배우기를 좋아하지 않으면
그 폐단은 너무 진지하여 융통성이 없어지는 것(賊)이요,

好直不好學, 其蔽也絞; 好勇不好學, 其蔽也亂; 好剛不好學, 其蔽也狂."
호직불호학 기폐야교   호용불호학 기폐야란   호강불호학 기폐야광

직(直)만 좋아하고 배우기를 좋아하지 않으면 그 폐단은 사람을 옥죄도록
편협해지는 것(絞)이요, 용(勇)만 좋아하고 배우기를 좋아하지 않으면
그 폐단은 무질서해지는 것(亂)이요, 강(剛)만 좋아하고 배우기를 좋아하지 않으면
그 폐단은 광기가 넘치는 것(狂)이다."

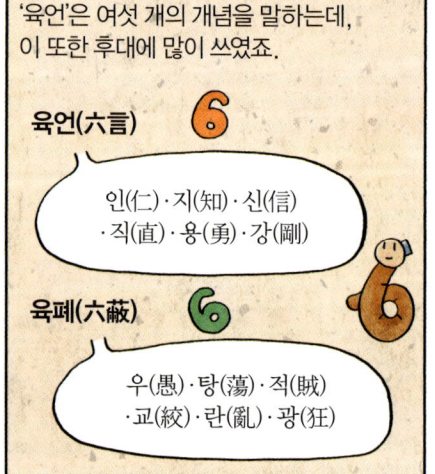

17-9

子曰: "小子, 何莫學夫詩? 詩, 可以興, 可以觀, 可以群, 可以怨,
자왈 소자 하막학부시   시 가이흥 가이관 가이군 가이원

공자께서 말씀하셨다.

"얘들아! 너희들은 어찌하여 시(詩)를 배우지 아니 하느냐?
시는 인간의 감정을 흥기시키며(興), 사물과 역사를 통관케 하며(觀),
사람들과 더불어 무리 짓게 하며(群), 나의 슬픔을 나타낼 수 있게 한다(怨).

邇之事父, 遠之事君. 多識於鳥獸草木之名."
이 지 사 부   원 지 사 군   다 식 어 조 수 초 목 지 명

가까이는 어버이를 섬길 수 있게 하며, 멀리는 임금을 섬길 수 있게 한다.
그리고 새와 짐승, 풀과 나무의 이름을 많이 알게 한다."

이 장은 시에 관해 공자가 직접 말한 것으로 여겨지는 매우 소중한 자료입니다.

공자는 시를 통해 역사를 배우고 감정을 나타내는 방법을 배울 수 있다고 생각했죠.

위대한 문학을 읽고 외워
노래하지 않을 수 없다

'소자'는 '이삼자'보다 더 어린 그룹을 상대로 말하고 있다는 인상을 줍니다.

뿐이냐? 동물과 식물도감의 역할도 한단다~

소자(小子)
이삼자(二三子)

양화제십칠(陽貨第十七)

17-10 子謂伯魚曰: "女爲周南召南矣乎? 人而不爲周南召南,
자 위 백 어 왈　 여 위 주 남 소 남 의 호　　인 이 불 위 주 남 소 남

其猶正牆面而立也與!"
기 유 정 장 면 이 립 야 여

공자께서 그의 아들 백어(伯魚)에게 이르셨다.

"너는 주남(周南)과 소남(召南)을 배우고 있느냐?
사람이 되어 주남과 소남을 배우지 아니 하면
마치 담벼락을 마주하고 서 있는 것과도 같은 것이다."

17-11

子曰: "禮云禮云, 玉帛云乎哉? 樂云樂云, 鐘鼓云乎哉?"
자왈 예운예운 옥백운호재 악운악운 종고운호재

공자께서 말씀하셨다.

"예(禮)다, 예(禮)다라고 말하지만,
어찌 그것이 옥백(玉帛)을 말하는 것이겠는가?
악(樂)이다, 악(樂)이다라고 말하지만,
어찌 그것이 종고(鐘鼓)를 말하는 것이겠는가?"

고대사회의 외교 전례에서 '옥백'은 예의 상징이었죠.

전례 典禮 — 의식, 행사

군주들이 만나 회동할 때는 반드시 비단에 싼 옥을 교환하는 행사가 들어 있었습니다.

옥백 玉帛 — 비단
외교 전례의 상징
예물 교환이 있겠습니다.

'종고'도 고대 제례악에서 빼놓을 수 없는 악기였죠.

종 鐘 — 편종
제례악의 상징
고 鼓 — 북

그러나 공자는 '옥백'과 '종고'가 곧 '예'와 '악'이 될 수는 없다고 말합니다.

예가 어찌 '옥백'이겠는가?
악이 어찌 '종고'이겠는가?

하나의 상징이고 형식일 뿐...

중요한 것은 예와 악 그 자체가 아니라, 예와 악이 나타내고자 하는 어떤 '삶의 의미'라는 거죠.

인간의 마음에 호소하는 꾸밈없는 삶의 세계

질서   조화

예악의 궁극적 의미를 말한 유명한 장이지만, 문장도 참으로 아름답습니다.

예운 예운
옥백운호재
악운 악운
종고운호재

양화제십칠(陽貨第十七)

17-12 子曰: "色厲而內荏, 譬諸小人, 其猶穿窬之盜也與?"
자 왈   색 려 이 내 임   비 저 소 인   기 유 천 유 지 도 야 여

공자께서 말씀하셨다.

"외관은 위엄있고 품격있는 척하면서 내면은 원칙 없이
물러터진 자는 소인에 비유한다 해도, 그런 놈은 벽을 뚫거나
담을 넘는 좀도둑에나 비유할 수 있을 것이다."

17-13 子曰："鄉原, 德之賊也!"
자왈 향원 덕지적야

공자께서 말씀하셨다.

"향원(鄉原)은 덕(德)의 적(賊)이다."

역시 위선자들을 싫어하고 미워하는 공자의 말씀입니다.

어느 지방을 가든, 그 지방의 상층부를 차지하고

향원 鄉原 / 동네 / 근원, 주류

향판(지역판사) / 향검(지역검사) / 지역 기업인

지연 / 학연

변화를 거부하면서 가장 점잖은 체하는 향원들이 반드시 있죠.

비슷한 말
토호 土豪 : 지방에서 자신의 재력과 세력을 바탕으로 양반 행세 하는 사람들

지역 공무원 / 지역 정치인 / 위원장

우리가 남인가요?

〈맹자〉에도 이 향원에 대해 맹자가 해설하는 부분이 나오는데

비난하려 해도 비난할 건덕지가 없이 완벽해 보인다. 찌르려고 해도 찔 틈이 없어 보인다.

주위 사람들이 모두 좋다고 하는 일만 한다.

마치 이 장에 대한 보충 설명처럼 보입니다.

흐르는 세속에 너무도 잘 동화되고, 오염된 세상과 너무도 잘 야합한다.
- [진심] 하 제37장

잘못은 절대 인정하지 않는다.

비난받지 않을 뻔한 말만 한다.

〈논어〉를 읽는 우리나라의 젊은이들이 앞으로 판사, 검사가 되고, 고위 공무원, 정치인, 그리고 기업의 지도자와 유능한 문화인이 되어도

제발 우리 사회의 **향원**이 되는 일만은 없길 간절히 바랍니다.

17-14

子曰: "道聽而塗說, 德之棄也!"
자왈   도청이도설   덕지기야

공자께서 말씀하셨다. "길에서 어설프게 들은 것을 곧 자기의 설인 양 길에서 연설하는 것은 덕(德)을 길에 내버리는 짓이다."

17-15

子曰: "鄙夫, 可與事君也與哉? 其未得之也, 患得之.
자왈   비부   가여사군야여재   기미득지야   환득지

既得之, 患失之. 苟患失之, 無所不至矣."
기득지   환실지   구환실지   무소부지의

공자께서 말씀하셨다. "비루한 녀석들과 어찌 더불어 정치에 참여할 수 있겠는가? 자리를 얻기 전에는 자리를 얻는 것만을 걱정하고, 자리를 얻고 나면 자리를 잃을 것만 걱정한다. 만약 잃을 것만을 걱정하면 못하는 짓이 없게 된다."

17-16 子曰: "古者民有三疾, 今也或是之亡也. 古之狂也肆,
자왈　고자민유삼질　금야혹시지무야　고지광야사

今之狂也蕩;
금지광야탕

공자께서 말씀하셨다.

"예전에는 사람들이 빠지기 쉬운 세 가지 결점이 있었다.
그런데 지금에는, 그것마저도 없어져버렸다.
옛날의 광자(狂者)는 작은 예절에 구애되지 않는 호방한 면이 있었는데
지금의 광자는 분수를 모르고 방탕하기만 한다.

古之矜也廉, 今之矜也忿戾; 古之愚也直, 今之愚也詐而已矣."
고지긍야렴　금지긍야분려　고지우야직　금지우야사이이의

옛날의 긍자(矜者)는 행동에 질서가 있고 뼈가 있었는데
지금의 긍자는 쩨쩨하게 화내며 다투기만 한다.
옛날의 우자(愚者)는 우직한 맛이 있었는데
지금의 우자는 비굴하고 간사하기만 하다."

양화제십칠(陽貨第十七)

17-17 子曰:"巧言令色, 鮮矣仁."
자왈 교언영색 선의인

공자께서 말씀하셨다. "말 잘하고 표정을 꾸미는 사람치고 인한 이가 드물다!"

[학이] 3에 이미 나왔던 말이지만, 앞뒤 문맥을 볼 때 들어갈 만한 자리에 들어가 있습니다. 군자의 덕이 상실된 상태에 대한 탄식이 이어지고 있죠.

17-18 子曰:"惡紫之奪朱也, 惡鄭聲之亂雅樂也, 惡利口之覆邦家者."
자왈 오자지탈주야 오정성지란아악야 오리구지복방가자

공자께서 말씀하셨다.

"나는 간색(間色)인 자색(紫色)이 정색(正色)인 주색(朱色)을 빼앗는 것을 미워하며, 정성(鄭聲)이 아악(雅樂)을 어지럽히는 것을 미워하며, 말만 잘하는 자들이 나라(邦家)를 전복시키는 것을 미워하노라."

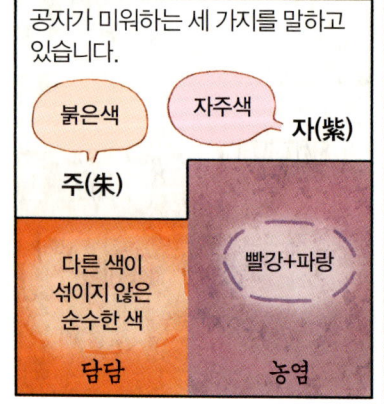

17-19

子曰: "予欲無言." 子貢曰: "子如不言, 則小子何述焉?"
자왈   여욕무언   자공왈   자여불언   즉소자하술언

공자께서 말씀하셨다.

"이제 나는 입을 다물려 한다."

자공(子貢)이 말하였다.

"선생님께서 말씀을 하지 않으신다면 저희 소자(小子)들은 과연 무엇을 후세에 전할 수 있으리이까?"

子曰: "天何言哉? 四時行焉, 百物生焉, 天何言哉?"
자왈   천하언재   사시행언   백물생언   천하언재

이에 공자께서 말씀하셨다.

"저 하느님께서 무슨 말씀을 하시더냐?
사시(四時)가 운행하고, 온갖 생명이 잉태되고 있질 아니 한가?
저 하느님께서 무슨 말씀을 하시더냐?"

이것은 아마도 공자가 죽기 전 최후의 심경을 기록한 것일 겁니다.

안회, 자로도 곁을 떠나고 아들 백어도 죽은 이후의 공자

나는 이제 입을 다물겠다.

'선진'의 제자 중, 공자의 최후를 지킨 사람은 오직 자공뿐이었죠.

조술 祖述 — 본받아 서술하다

그런 말씀 마세요. 그럼 저희는 무엇을 조술하란 말씀입니까?

공자는 이미 무언(無言)의 경지에 이르러 있었습니다.

너희들의 기록에 나의 생명력이 달려 있지 않다.

저 하늘의 묵묵한 모습처럼 나도 말하지 않으련다…

17-20 孺悲欲見孔子, 孔子辭以疾. 將命者出戶, 取瑟而歌, 使之聞之.
유비욕견공자 공자사이질 장명자출호 취슬이가 사지문지

유비(孺悲)라는 노나라 사람이 공자를 뵙고자 하였다.
공자는 병중이라고 거절하셨다.
명(命)을 전달하는 자가 문밖으로 나가자마자
슬(瑟)을 꺼내어 노래를 부르시고
밖에 있는 유비로 하여금 듣게 하셨다.

이 유비라는 인물은 〈사기〉의 [열전]과 〈공자가어〉에는 나오지 않습니다.

다만 〈예기〉에 그 이름이 나오는 것으로 보아 공자에게 예를 배웠던 사람인 듯한데,

애공(哀公)은 유비로 하여금 공자에게 가서 사상례(士喪禮)를 배우게 하였다.

유비는 공자에게 무엇인가 큰 잘못을 저질렀나 봅니다.

몸이 불편해 못 만난다고 전해라.

공자는 유비가 뜰을 나가기 전에 거문고를 연주하면서 크게 노래를 불렀죠.

나는 지금 일부러 너를 만나지 않는 것이며

이렇게 하는 이유는 네 잘못을 깨우쳐주기 위함이다.

목적은 유비를 교육하는 데 있었겠지만, 이렇게 해야 공자의 마음에도 앙금이 남지 않았을 겁니다.

속이 후련~

17-21 宰我問: "三年之喪, 期已久矣! 君子三年不爲禮, 禮必壞;
三年不爲樂, 樂必崩. 舊穀旣沒, 新穀旣升, 鑽燧改火, 期可已矣."
재아문 삼년지상 기이구의 군자삼년불위례 예필괴
삼년불위악 악필붕 구곡기몰 신곡기승 찬수개화 기가이의

재아(宰我)가 여쭈었다.

"삼년상은 만 일 년으로 줄여도 이미 충분히 오래라고 할 것입니다.
군자가 삼 년 동안 예(禮)를 행하지 않으면 예가 반드시 무너지고,
삼 년 동안 악(樂)을 익히지 않으면 악이 반드시 망그러질 것입니다.
묵은 곡식이 다 없어지고 새 곡식이 무르익으며,
불씨 만드는 나무도 다 바뀌니, 일 년이면 그칠 만할 것입니다."

子曰: "食夫稻, 衣夫錦, 於女安乎?" 曰: "安."
자왈 식부도 의부금 어여안호 왈 안

공자께서 말씀하셨다.

그 기간에 쌀밥 먹고 비단옷 입는 것이 너에게는 편안하냐?

재아가 대답하였다.

편안하옵니다.

"女安, 則爲之! 夫君子之居喪, 食旨不甘, 聞樂不樂, 居處不安,
여안 즉위지 부군자지거상 식지불감 문악불락 거처불안
故不爲也. 今女安, 則爲之!"
고불위야 금여안 즉위지

공자께서 말씀하셨다.

"네가 편안하면 그리해라! 대저 군자가 상(喪)에 거(居)하는 동안에는
맛있는 것을 먹어도 입맛이 없으며, 음악을 들어도 즐겁지 아니 하며,
거처하는 것 그 자체가 편안치 아니 한 법이다.
그러므로 그리하는 것인데, 지금 네가 편안하다 하니 너 혼자 그리해라!"

宰我出. 子曰: "予之不仁也! 子生三年, 然後免於父母之懷.
재아출　자왈　여지불인야　자생삼년　연후면어부모지회

夫三年之喪, 天下之通喪也, 予也, 有三年之愛於其父母乎?"
부삼년지상　천하지통상야　여야　유삼년지애어기부모호

재아가 밖으로 나가자, 공자께서 말씀하셨다.

"여(予: 재아의 이름)는 참으로 불인(不仁)한 자로다!
자식이 태어나서 삼 년이 지난 후에야 겨우 부모의 품을 벗어나게 된다.
대저 삼년상이란 온천하의 공통된 상례(喪禮)이거늘, 여, 저 녀석은 그 삼 년 동안
돌아가신 부모에게조차 사랑을 아끼고 치사하게 살려고 한단 말인가?"

너무도 유명한 장입니다. 재아는 앞서 충분히 소개가 된 인물이죠.

재아는 '사과십철'에 언어로 꼽힌 공자의 수제자였지만

재아 혹은 재여

공자보다 29세 연하

수업시간에 낮잠을 잤다가 공자의 노여움을 단단히 사기도 했던 문제적 인물입니다.

[공야장] 9

후목 朽木 — 썩은 나무
분토 糞土 — 거름 흙

나는 재여 때문에 남의 말을 들은 뒤 그 행실도 확인하는 습관을 갖게 됐다!

여기서 재아가 질문한 문제는 실제로도 아주 중요한 사안이었는데,

군자가 삼 년 동안 상을 치르면

예와 악이 다 무너지지 않겠습니까?

소는 누가 키우죠?

삼년상은 그 시대에도 이미 비현실적인 것으로 여겨지고 있었죠.

자연의 순환에 따라 일 년이면 족하지 않을까요?

새 곡식, 새 나무, 새 마음~

이에 공자는 인간의 보편적인 감정에 호소합니다.

삼 년을 일 년으로 줄이고, 그 기간에 비단옷에 쌀밥을 먹으면 네가 편안하겠니?

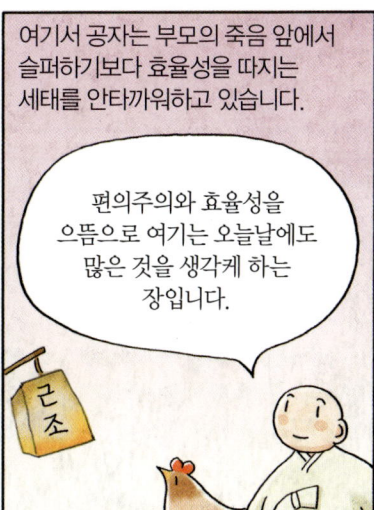

17-22 子曰:"飽食終日, 無所用心, 難矣哉! 不有博奕者乎?
자 왈 포식종일 무소용심 난의재 불유박혁자호

爲之, 猶賢乎已."
위지 유현호이

공자께서 말씀하셨다.

"하루 종일 배부르게 먹으면서도 마음을 쓸 곳이 아무 데도 없다는 것은 참 있기 어려운 상황이다. 장기나 바둑이라도 있지 않겠나? 아무것도 안 하느니 장기나 바둑이라도 두는 것이 보다 현명할 것 같다."

하루 종일 아무 곳에도 마음 쓸 일이 없다는 것은 참으로 괴로운 상황이죠.

용심 用心 — 어떤 일에 마음을 쓰다

그럴 때 아무것도 안 하는 것보다는 머리를 쓰는 게임이라도 하는 게 낫다는 말씀입니다.

박혁 博奕 — 장기와 바둑을 함께 이르는 말

공자는 일상생활에서 쉼 없이 노력한 사람이었죠.

17-23 子路曰:"君子尙勇乎?" 子曰:"君子義以爲上. 君子有勇而無義
자로왈 군자상용호 자왈 군자의이위상 군자유용이무의

爲亂, 小人有勇而無義爲盜."
위란 소인유용이무의위도

자로(子路)가 여쭈었다.

"군자는 용맹을 숭상해야 합니까?"

이에 공자께서 말씀하셨다.

"군자는 의(義)를 으뜸으로 삼는다. 군자가 용기만 있고 의로움이 없으면 반란을 일삼게 되고, 소인이 용기만 있고 의로움이 없으면 도둑놈이 되느니라."

젊은 시절의 자로를 향한 공자의 훈계였을 겁니다.

너무 걱정돼~

우리나라에서 이 말에 해당되는 인물로는 세조를 꼽을 수 있겠죠.

군자가 용기만 있고 의로움이 없으면 반란을 일삼게 된다.

세조는 탐욕만 있을 뿐, 의로움이 없었으니까요.

17-24 子貢曰: "君子亦有惡乎?" 子曰: "有惡: 惡稱人之惡者,
자공왈   군자역유오호   자왈   유오   오칭인지오자

惡居下流而訕上者, 惡勇而無禮者, 惡果敢而窒者."
오거하류이산상자   오용이무례자   오과감이질자

자공(子貢)이 여쭈었다.

"군자도 미워하는 것이 있습니까?"

이에 공자께서 말씀하셨다.

"암~ 있구말구. 남의 단점을 들추는 자를 미워하며, 아래에 처하면서 윗사람을 하릴없이 비방하는 자를 미워하며, 용기만 있고 예의가 없는 자를 미워하며, 과감키만 하고 융통성이 없는 자를 미워한다."

曰: "賜也亦有惡乎?" "惡徼以爲知者, 惡不孫以爲勇者, 惡訐以爲直者."
왈   사야역유오호   오요이위지자   오불손이위용자   오알이위직자

그리곤 말씀하셨다.

"사(賜: 자공)야! 너 또한 미워하는 것이 있느냐?"

이에 자공이 대답하였다.

"네, 있습니다. 남의 지식을 훔쳐내는 것을 지혜로 여기는 자를 미워하며, 불손한 것을 용기로 여기는 자를 미워하며, 남의 비밀을 까발리는 것을 정직으로 여기는 자를 미워하나이다."

양화제십칠(陽貨第十七)

17-25 子曰:"唯女子與小人爲難養也! 近之則不孫, 遠之則怨."
자왈 　　유 여 자 여 소 인 위 난 양 야　　근 지 즉 불 손　　원 지 즉 원

공자께서 말씀하셨다.

"오직 여자(女子)와 소인(小人)은 기르기가 어려우니,
가까이하면 불손해지고 멀리하면 원망한다."

이 장은 절대 공자의 말씀일 수 없습니다.

공자의 시대에 여자에 대한 편견이 없었다고는 말할 수 없지만

공자가 굳이 이런 말을 남겼을 리 없습니다.

후대의 사람들이 공자를 빌려 한 말일 가능성이 높죠.

왜냐하면 공자는 인간의 연애감정이나 여성에 대해

진실로 사랑한다 한번 말해보지도 아니 하고 어찌 멀리 있다고만 하느뇨?
- [자한] 30

사랑한다면 이미 그 집 앞에…

특별한 편견을 갖고 있지 않다는 것이 다른 곳에서도 속속 발견되기 때문인데

여자를 좋아하듯이 덕을 좋아하는 사람을 보지 못하였다.
- [자한] 17

호색 好色 의 힘으로 호덕 好德 을!

뚜드렁 두러렁~

이 장은 평소 재즈적으로 말하기를 좋아하는 공자의 말씀처럼 보이지 않습니다.

(여자를 사랑하듯이) 내가 원하기만 한다면 인(仁)은 당장이라도 달려온다.
- [술이] 29

비비 랍다 두도두
디비리비 답딥 도돕도

그러나 이 장이 〈논어〉에 있는 이상, 계속 논의될 수밖에 없죠.

많은 〈논어〉의 장 중에서 현대사회에 적용될 수 없는 드문 예라고 볼 수 있습니다.

스끼 뽀사뽀사 뽀라뽀

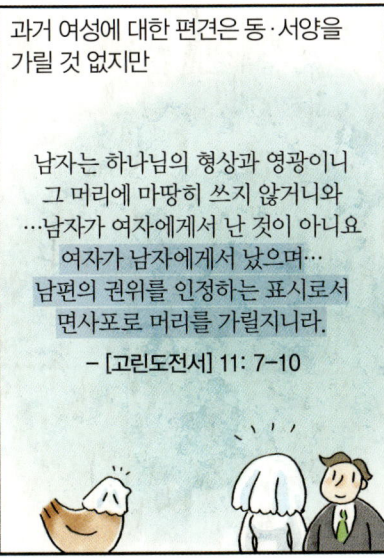

17-26 子曰:"年四十而見惡焉, 其終也已."
자왈 연사십이견오언 기종야이

공자께서 말씀하셨다.

"나이 사십이 되어서도 사람들에게 미움을 받으면
그것으로 끝장일 뿐이다."

미자제십팔(微子第十八)

18-1 微子去之, 箕子爲之奴, 比干諫而死.
미자거지　기자위지노　비간간이사

孔子曰: "殷有三仁焉."
공자왈　　은유삼인언

미자(微子)는 떠나갔고, 기자(箕子)는 종이 되었고, 비간(比干)은 간(諫)하다가 죽었다.
공자께서 말씀하셨다.

"은(殷)나라에 인(仁)한 사람이 셋 있었다."

18-2 柳下惠爲士師, 三黜. 人曰: "子未可以去乎?"
유 하 혜 위 사 사   삼 출   인 왈   자 미 가 이 거 호

노나라의 현인(賢人) 유하혜(柳下惠)가 세 번 사사(士師: 사법관)직에
임명되었으나 세 번 다 파면되었다.
그러자 혹자가 말하였다.

"그대는 무슨 미련이 남아 아직도 이 나라를 떠나지 않고 있는가?"

曰: "直道而事人, 焉往而不三黜? 枉道而事人, 何必去父母之邦?"
왈   직 도 이 사 인   언 왕 이 불 삼 출   왕 도 이 사 인   하 필 거 부 모 지 방

유하혜가 말하였다.

"도(道)를 곧게 하여 사람을 섬기면 어디 간들
세 번 내침을 당하지 않으리오?
도(道)를 구부리어 사람에게 아첨하고 살 것이라면
어찌 굳이 부모의 나라(父母之邦)를 떠날 필요가 있겠는가?"

유하혜는 공자보다 100년 앞서 살았던 노나라 대부였습니다.

유하혜
살던 지역 시호
이름 : 전획(展獲)
자(字) : 금(禽)
⟹ 전금

앞서 공자는 유하혜를 등용하지 않는다는 이유로 장문중을 비난하기도 했죠.

노나라 재상 장문중은 분명 그 지위를 훔친 자일 것이다. 유하혜의 어짊을 알고도 그를 발탁하여 조정에 함께 서질 않았다.
- [위령공] 13

올곧기 그지없는 유하혜의 말입니다.

출
黜 — 내치다

세 번이나 내쫓김을 당하고도 포기를 모르는 유하혜의 태도가 공자에게도 큰 영향을 미쳤을 겁니다.

포기란 배추를 셀 때나 쓰는 말이다

미자제십팔(微子第十八) 211

18-3 齊景公待孔子曰：“若季氏，則吾不能，以季孟之間待之."
제경공대공자왈 약계씨 즉오불능 이계맹지간대지

曰：“吾老矣, 不能用也." 孔子行.
왈 오로의 불능용야 공자행

제(齊)나라의 경공(景公)이 공자를 대우하려고 하면서 말하였다.

"노나라의 대부 계씨(季氏)의 지위만큼은 내가 대우할 수 없지마는, 계씨와 맹씨(孟氏)의 중간 수준으로는 그대를 대우할 수 있겠소."

신하들의 반대가 일고 얼마 지나 다시 말하기를,

"내가 늙었구료. 당신을 제대로 기용하기는 어려울 것 같소."

공자는 떠났다.

경공은 대부 최저에 의해 군주가 된 인물로,

〈사기〉[공자세가]에 의하면 공자가 제나라에 유학 갔을 때 경공을 만났다고 하는데,

공자에게 노나라 대부급의 대우를 약속했던 경공이 마음을 바꾼 것은

제나라의 명재상이었던 안영의 강력한 반대 때문이라고 하죠.

이 장은 젊은 날의 공자의 좌절을 그리고 있습니다.

현재 우리나라에도 실력 있는 젊은이들이 기회를 얻지 못하고 좌절되는 상황이 얼마나 많습니까?

그런 좌절의 상황을 연상하면서 이 장을 읽어야 하죠.

18-4 齊人歸女樂, 季桓子受之, 三日不朝, 孔子行.
제인귀여악 계환자수지 삼일부조 공자행

제(齊)나라 사람들이 노나라를 어지럽히기 위하여 미녀들과 악사들을 노나라로 보내었다. 당대 노나라의 실권자 계환자(季桓子)가 이를 거절해야 함에도 불구하고 기꺼이 받아들였다.
그리고 삼 일 동안이나 정사를 돌보지 않았다.
공자는 노나라를 떠났다.

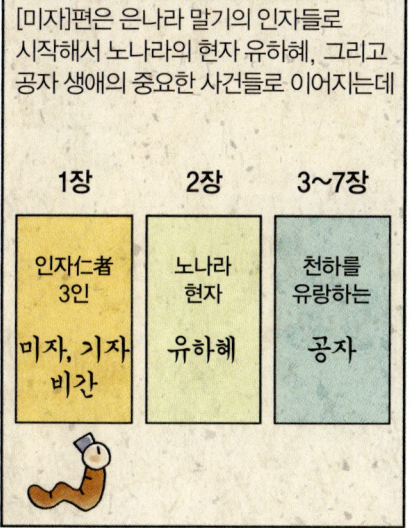

18-5 楚狂接輿歌而過孔子曰：“鳳兮！鳳兮！何德之衰？
초 광 접 여 가 이 과 공 자 왈　봉 혜　봉 혜　하 덕 지 쇠
往者不可諫, 來者猶可追. 已而！已而！今之從政者殆而！”
왕 자 불 가 간　내 자 유 가 추　이 이　이 이　금 지 종 정 자 태 이

초(楚)나라의 광인(狂人) 접여(接輿)가 노래를 부르며 공자의 수레 앞을 지나갔다.

"봉황과도 같이 고고한 그대여! 봉황과도 같이 고고한 그대여!
나타나지 않아야 할 세상에 나타나서 돌아다니는 네 모습이 초라하다.
여태까지 나돌아다닌 것은 탓할 수 없겠으나, 지금부터라도
너의 본래 모습을 회복할 수 있도다!
그만둘지어다! 그만둘지어다!
지금 정치에 참여함은 오직 위험만이 기다릴 뿐!"

孔子下, 欲與之言. 趨而辟之, 不得與之言.
공 자 하　욕 여 지 언　추 이 피 지　부 득 여 지 언

공자는 수레에서 내려 그와 더불어 이야기하고자 하였다.
그러나 그는 빠른 걸음으로 사라져버렸다.
공자는 끝내 그와 말할 수 없었다.

[공자세가]는 이 사건을 공자의 유랑 시기, 63세 때의 일로 기록하고 있습니다.

접여 接輿 ← 수레로 다가오는 사람

당시에 봉황은 도가 행하여지는 세상에는 나타나고 도가 없는 세상에는 숨어버린다고 생각되었죠.

내 자 유 가 추
來者猶可追 — 본래 모습을 회복하다

봉황과도 같은 그대여! 그대의 본모습으로 돌아가시오!

초나라 국경에서 소왕의 부름을 기다리다 끝내 발길을 돌리던 공자.

접여가 사라지는 모습의 여운은 마치 영화의 마지막 장면처럼 아름답습니다.

18-6 長沮、桀溺耦而耕, 孔子過之, 使子路問津焉.
장저 걸닉우이경 공자과지 사자로문진언

長沮曰: "夫執輿者爲誰?" 子路曰: "爲孔丘."
장저왈 부집여자위수 자로왈 위공구

장저(長沮)와 걸닉(桀溺)이 나란히 밭을 갈고 있는데, 공자가 그들 앞을 지나가게 되었다. 이에 수레를 세우고 자로(子路)로 하여금 그들에게 나루터가 어디 있는지를 묻게 하였다. 장저가 말하였다.

"저기 저 수레 고삐를 잡고 있는 사람이 뉘시오?"

자로가 말하였다.

"공구(孔丘)라 하는 분이외다."

曰: "是魯孔丘與?" 曰: "是也." 曰: "是知津矣."
왈 시로공구여 왈 시야 왈 시지진의

장저가 말하였다.

"저 사람이 바로 노나라의 공구(孔丘)인가?"

자로가 말하였다.

"그렇소."

장저가 말하였다.

"세상을 쏘다니는 사람인데 나루터라면 나보다는 그가 더 잘 알 것이오."

問於桀溺. 桀溺曰: "子爲誰?" 曰: "爲仲由."
문어걸닉 걸닉왈 자위수 왈 위중유

曰: "是魯孔丘之徒與?" 對曰: "然."
왈 시로공구지도여 대왈 연

그래서 자로가 걸닉(桀溺)에게 다시 물었다. 걸닉이 말하였다.

"댁은 뉘시오?"

자로가 말하였다.

"중유(仲由)라 하오."

걸닉이 말하였다.

"그대가 바로 노나라 공구(孔丘)의 무리인가?"

자로가 대하여 말하였다.

"그러하오."

曰: "滔滔者天下皆是也, 而誰以易之? 且而與其從辟人之士也,
왈 도도자천하개시야 이수이역지 차이여기종피인지사야

豈若從辟世之士哉?" 耰而不輟.
기약종피세지사재 우이불철

걸닉이 말하였다.

"도도(滔滔)한 흙탕물에 휘덮이듯 천하(天下)가 다 그 모양인데 과연 누가 이것을 변혁시킨단 말인가? 사람을 피해다니는 선비를 따르느니, 세상을 피하는 선비를 따르는 것이 더 낫지 않겠소?"

그리고는 묵묵히 씨알 덮는 일만 계속하고 나루터에 관해서는 아무 말도 하지 않았다.

子路行以告. 夫子憮然曰: "鳥獸不可與同群! 吾非斯人之徒與而誰與?
자로행이고　부자무연왈　　조수불가여동군　오비사인지도여이수여
天下有道, 丘不與易也."
천하유도　구불여역야

자로(子路)가 돌아와서 아뢰었다.
부자(夫子)는 한동안 멍하게 있다가 말하였다.

"조수(鳥獸)와 더불어 무리 지어 살 수는 없는 노릇이다.
내 이 인간의 무리와 더불어 하지 않는다면 과연 누구와 더불어 할까보냐?
천하에 도(道)가 있다면 변혁을 꾀할 생각도 하지 않을 것이다."

18-7 子路從而後, 遇丈人, 以杖荷蓧. 子路問曰: "子見夫子乎?"
자로종이후 우장인 이장하조 자로문왈 자견부자호

丈人曰: "四體不勤, 五穀不分. 孰爲夫子?" 植其杖而芸.
장인왈 사체불근 오곡불분 숙위부자 식기장이운

자로가 공자 일행을 따라가다가 뒤처지고 말았는데, 지팡이로 대바구니를 멘 노인을 길거리에서 만났다. 자로가 그 노인에게 물었다.

"노인장께서는 우리 선생(夫子)이 지나가는 것을 보셨습니까?"

그 노인이 대답하였다.

"팔다리를 부지런히 움직이지도 않고 오곡(五穀)도 제대로 분간 못하는 그자를, 누가 선생(夫子)이라고 일컫는가?"

지팡이를 꽂아놓고 계속 김을 맬 뿐이었다.

子路拱而立. 止子路宿, 殺鷄爲黍而食之, 見其二子焉. 明日, 子路行以告.
자로공이립 지자로숙 살계위서이식지 견기이자언 명일 자로행이고

子曰: "隱者也." 使子路反見之. 至則行矣.
자왈 은자야 사자로반견지 지즉행의

자로가 공경하는 마음이 들어 공수(拱手)하고 서 있었다. 그러자 그 노인은 자로를 머물게 하여 자기 집에서 자게 하였다. 닭을 잡고 기장밥을 지어 먹이고 그의 두 아들로 하여금 자로를 뵙게 하였다. 다음날 자로는 떠나와서 공자에게 아뢰었다.

공자께서 말씀하셨다.

"은자(隱者)이다."

자로로 하여금 되돌아가 다시 뵙게 하였는데, 도착해보니 이미 떠나가고 없었다.

子路曰: "不仕無義. 長幼之節, 不可廢也; 君臣之義, 如之何其廢之?
자로왈 불사무의 장유지절 불가폐야 군신지의 여지하기폐지

欲潔其身, 而亂大倫. 君子之仕也, 行其義也. 道之不行, 已知之矣."
욕결기신 이란대륜 군자지사야 행기의야 도지불행 이지지의

자로는 남아 있는 두 아들에게 말을 전하였다.

"누군가 벼슬을 하지 않으면 세상에 정의(義)란 사라지고 마오. 장유(長幼)의 절도를 폐(廢)할 수 없듯이, 어찌 군신(君臣)의 의(義)를 폐할 수 있으리오? 내 몸 하나를 정결히 지키고자 하다가 사회의 대륜(大倫)을 어지럽힐 수도 있는 것이니, 군자(君子)가 벼슬을 꾀함은 오직 그 의(義)를 행(行)하려 함이로소이다. 도(道)가 행하여지기 어렵다는 것은 우리도 다 알고 있는 것이외다."

18-8 逸民: 伯夷、叔齊、虞仲、夷逸、朱張、柳下惠、少連.
　　　일민　백이　숙제　우중　이일　주장　유하혜　소련

子曰: "不降其志, 不辱其身, 伯夷、叔齊與!"
자 왈　불항기지　불욕기신　백이　숙제여

일민(逸民)으로서는 백이(伯夷)와 숙제(叔齊)와 우중(虞仲)과 이일(夷逸)과
주장(朱張)과 유하혜(柳下惠)와 소련(少連)을 들 수 있다.
공자께서 말씀하셨다.

"자신의 생각을 비굴하게 낮추지 아니 하고
그 몸을 욕되게 하지 않은 자는 백이와 숙제일 것이다."

謂柳下惠、少連: "降志辱身矣, 言中倫, 行中慮, 其斯而已矣!"
위 유 하 혜　소 련　항지욕신의　언중륜　행중려　기 사 이 이 의

또 유하혜(柳下惠)와 소련(少連)을 평하여 말씀하셨다.

"자신의 생각을 낮추기도 하고 몸을 욕되게도 하였으나,
그 말이 윤리에 들어맞고 행동이 사려에 합치하였으니,
이것만으로도 훌륭하다 할 것이다."

謂虞仲、夷逸: "隱居放言, 身中淸, 廢中權."
위우중　이일　은거방언　신중청　폐중권

"我則異於是, 無可無不可."
아 즉 이 어 시　무 가 무 불 가

또 우중(虞仲)과 이일(夷逸)을 평하여 말씀하셨다.

"숨어 살면서 세속적인 말은 하지 않았으며
몸이 깨끗함에 들어맞았고 폐(廢)함이
권도(權道)에 들어맞았다."

총결(總結)지어 말씀하셨다.

"나는 이들과는 다르다.
나는 고정적으로 가(可)하다고
생각하는 것도 없고,
고정적으로 불가(不可)하다고
생각하는 것도 없다."

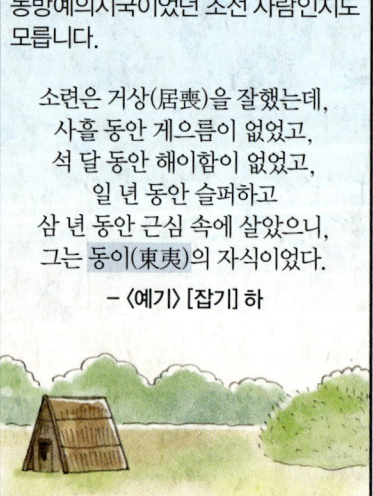

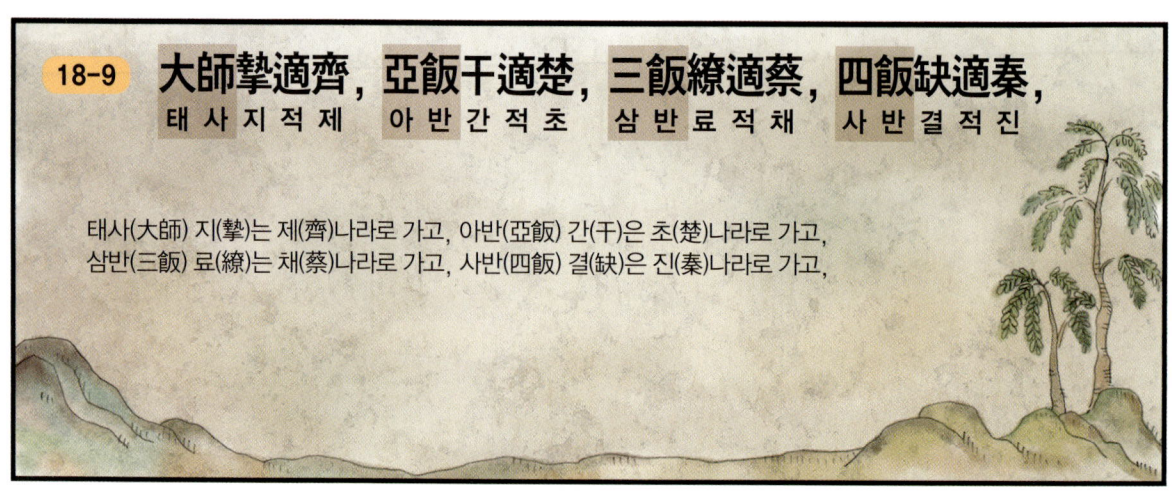

18-9 大師摯適齊, 亞飯干適楚, 三飯繚適蔡, 四飯缺適秦,
태사 지 적 제   아 반 간 적 초   삼 반 료 적 채   사 반 결 적 진

태사(大師) 지(摯)는 제(齊)나라로 가고, 아반(亞飯) 간(干)은 초(楚)나라로 가고,
삼반(三飯) 료(繚)는 채(蔡)나라로 가고, 사반(四飯) 결(缺)은 진(秦)나라로 가고,

鼓方叔入於河, 播鼗武入於漢, 少師陽、擊磬襄, 入於海.
고 방 숙 입 어 하   파 도 무 입 어 한   소 사 양   격 경 양   입 어 해

고(鼓) 방숙(方叔)은 하내(河內)로 들어갔고, 파도(播鼗) 무(武)는 한중(漢中)으로 들어갔고,
소사(少師) 양(陽)과 격경(擊磬) 양(襄)은 황해의 섬으로 들어갔다.

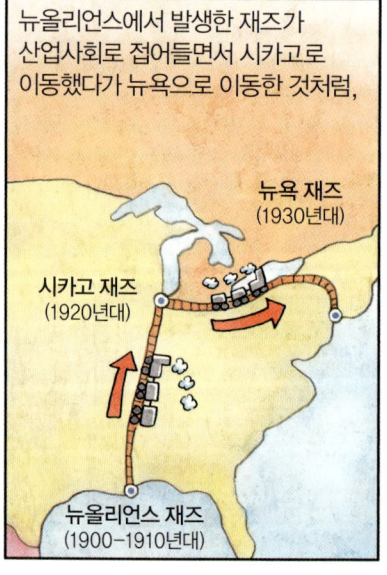

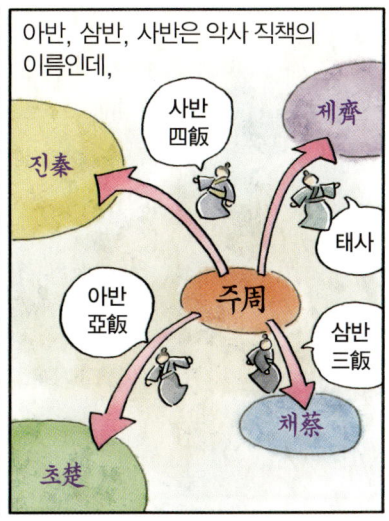
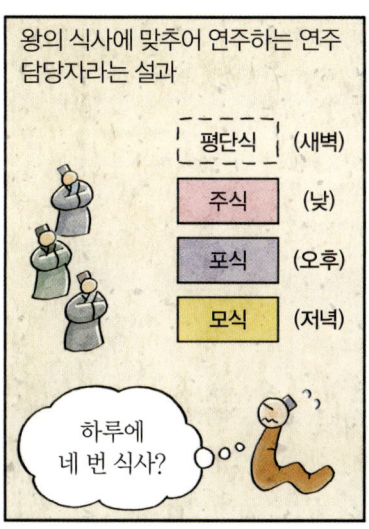

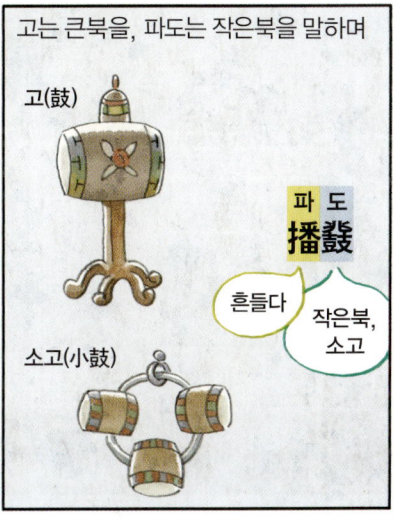

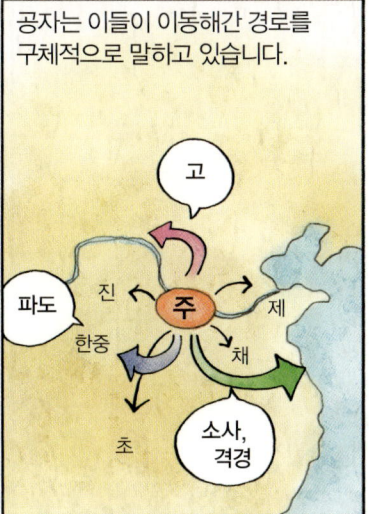

18-10 周公謂魯公曰:"君子不施其親, 不使大臣怨乎不以.
주공위노공왈   군자불시기친   불사대신원호불이

故舊無大故, 則不棄也. 無求備於一人!"
고구무대고   즉불기야   무구비어일인

주공(周公)이 노공(魯公)으로 부임해 가는 자기 아들 백금(伯禽)에게 타일러 말하였다.

"군자는 그 가까운 친족을 버리지 아니 한다. 그리고 대신(大臣)들로 하여금 자기들의 생각이 채용되지 않는다고 원망치 않도록 그들에게 관심을 보여라. 오랜 친구는 큰 사고가 없는 한 함부로 버리지 말라. 그리고 한 사람에게 완벽하기를 요구하지 말라."

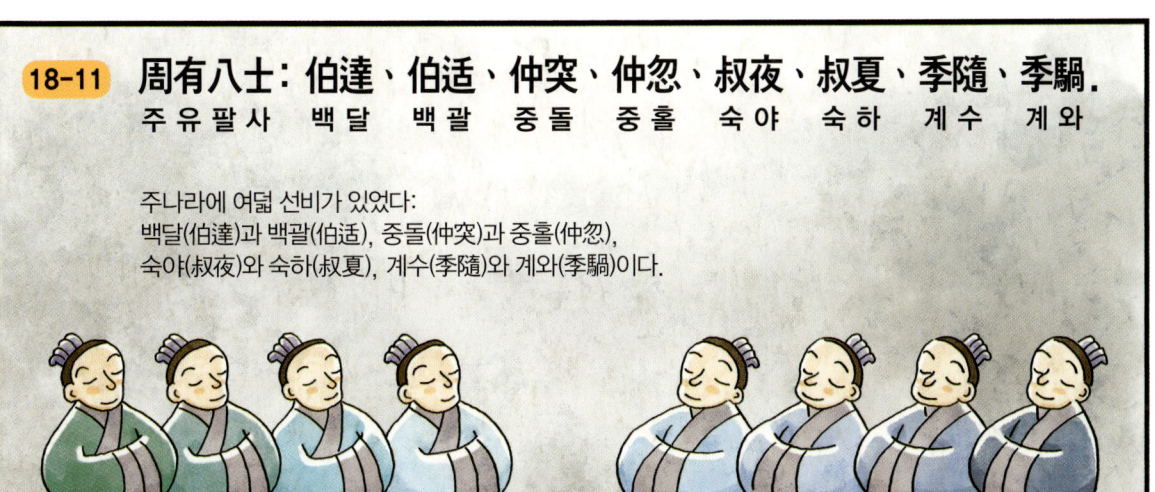

18-11 周有八士：伯達、伯适、仲突、仲忽、叔夜、叔夏、季隨、季騧.
주유팔사　백달　백괄　중돌　중홀　숙야　숙하　계수　계와

주나라에 여덟 선비가 있었다:
백달(伯達)과 백괄(伯适), 중돌(仲突)과 중홀(仲忽),
숙야(叔夜)와 숙하(叔夏), 계수(季隨)와 계와(季騧)이다.

미자제십팔(微子第十八)

자장제십구(子張第十九)

> **19-1** 子張曰: "士見危致命, 見得思義, 祭思敬, 喪思哀, 其可已矣."
> 자장왈　사견위치명　견득사의　제사경　상사애　기가이의
>
> 자장이 말하였다.
>
> "선비는 모름지기 나라가 위태로울 시기에는 목숨을 바치며,
> 이득을 볼 때에는 의로움(義)을 생각한다. 제사에 임해서는 공경함을 생각하며,
> 상을 당하면 슬픔을 생각한다. 이러하면 좋은 선비라 할 만하다."

> **19-2** 子張曰: "執德不弘, 信道不篤, 焉能爲有? 焉能爲亡?"
> 자장왈　집덕불홍　신도부독　언능위유　언능위무
>
> 자장이 말하였다.
>
> "덕(德)을 손에 쥠이 넓지 못하며, 도(道)를 신험함이 독실하지 못하면,
> 그러한 선비는 있어도 그만, 없어도 그만일 뿐이다."

19-3 子夏之門人, 問交於子張. 子張曰: "子夏云何?"
자하지문인 문교어자장 자장왈 자하운하

對曰: "子夏曰: '可者與之, 其不可者拒之.'"
대왈 자하왈 가자여지 기불가자거지

자하(子夏)의 문인(門人)이 벗 사귐에 관하여 자장(子張)에게 물었다. 자장이 말하였다.

"자하는 무어라 말하던가?"

자하의 문인이 대답하여 말하였다.

"우리 자하(子夏)께서 이르시기를,
'벗할 만한 자와는 더불어 하고,
벗할 만하지 못한 자는 거절해버려라'
하고 잘라 말씀하셨습니다."

子張曰: "異乎吾所聞: 君子尊賢而容衆, 嘉善而矜不能.
자장왈 이호오소문 군자존현이용중 가선이긍불능

我之大賢與, 於人何所不容? 我之不賢與, 人將拒我, 如之何其拒人也?"
아지대현여 어인하소불용 아지불현여 인장거아 여지하기거인야

이에 자장(子張)이 말하였다.

"내가 부자(夫子)로부터 들은 바와는 다르구나!
군자는 소수의 현인을 존중하되 동시에 대중을 포용해야 하며,
선(善)한 자를 아름답게 여기지만 동시에 능력 없는 자를 불쌍히 여겨야 한다.
내가 크게 어질다면 타인과의 관계에 있어서 누구인들 포용치 못하겠느냐?
내가 만약 어질지 못하다면 사람들이 먼저 나를 거절할 것이니,
내가 타인을 거절한다는 것이 있을 법이나 한 일이겠는가?"

여기서는 자장의 판단력이 자하보다 뛰어난 것으로 적혀 있습니다.

자장 / 자하
이름: 전손사 / 이름: 복상
공자보다 48세 연하 / 공자보다 44세 연하

그러나 여러 정황을 볼 때 자장이 자하를 훈수 둘 위치에 있지는 않았죠.

'사과십철'에도 들었고 자장보다는 공자를 더 오래 모셨지.

따라서 1, 2, 3장은 모두 자장학파가 쓴 것으로 보입니다.

문인 門人
공자 제자의 제자

여기서 '문인'은 공자의 손제자를 가리키죠.

19-4 子夏曰：“雖小道, 必有可觀者焉; 致遠恐泥, 是以君子不爲也.”
자하왈　수소도　필유가관자언　치원공니　시이군자불위야

자하(子夏)가 말하였다.

"비록 작은 지엽적 도술(道術)이라도 반드시 볼 만한 것은 있다.
그러나 원대한 이상을 실현하는 데는 이러한 소도(小道)에 니착(泥着)함이
장애가 될까 두렵다. 그러므로 군자는 소도(小道)에는 집착하지 않는 것이다."

일리가 있는 말입니다. 주희는 '소도'를 '생활기술'로 풀이했죠.

農圃醫卜之屬
농사 / 정원 가꾸기 / 의술 / 점치기 / 등

군자는 치국·평천하를 위해 전체적인 안목을 키우는 것이 중요하기 때문에

致遠恐泥
지체되다

부분적인 기술직의 안목으로 세상을 바라봐서는 안 된다는 말이죠.

大道

19-5 子夏曰：“日知其所亡, 月無忘其所能, 可謂好學也已矣.”
자하왈　일지기소무　월무망기소능　가위호학야이의

자하가 말하였다.

"날마다 그 모르는 것을 알게 되며, 달마다 자기가 이미 능(能)한 것을
잊지 않으려고 노력하면, 배우기를 좋아한다고 이를 만하다."

매일 자기가 몰랐던 것을 새롭게 배우고

日知其所亡
없다

배운 것을 잊지 않으려고 노력하는 것을 '호학'한다고 하죠.

배움을 좋아하는 자는 매일 끊임없이 자신을 새롭게 하고, 그러므로 자신의 지닌 바를 잃지 않는다.
- 윤언명, 〈주자집주〉

고염무의 대표적 저서의 이름이 바로 이 장에서 가져온 것입니다.

日知錄
일지록

고염무
(1613~1682)
명말 청초의 대유학자

19-6 子夏曰:"博學而篤志, 切問而近思, 仁在其中矣."
자하왈   박학이독지   절문이근사   인재기중의

자하가 말하였다.

"널리 배우고 그 뜻을 돈독히 하라. 절실하게 묻고
가까운 데서 생각하라. 그리하면 인(仁)이 그 속에 있느니라."

19-7 子夏曰:"百工居肆以成其事, 君子學以致其道."
자하왈   백공거사이성기사   군자학이치기도

자하가 말하였다.

"백공(百工)이 자기의 공방(工房)에 거(居)하면서 그 물건을 만들어낸다.
마찬가지로 군자는 자기의 배움의 세계에서 그 도(道)를 완성해야 하는 것이다."

자장제십구(子張第十九)

19-8 子夏曰: "小人之過也必文."
자하왈 소인지과야필문

자하가 말하였다.

"소인(小人)들은 허물이 있으면 반드시 문식(文飾)하려 한다."

자하의 높은 경지를 보여주는 정말 멋있는 말입니다.

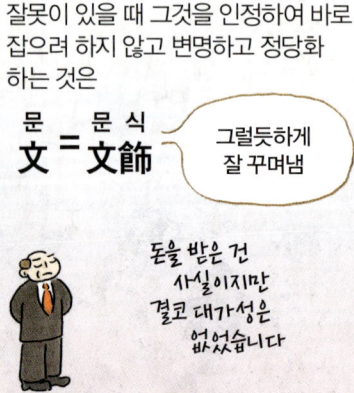

잘못이 있을 때 그것을 인정하여 바로잡으려 하지 않고 변명하고 정당화하는 것은

가장 어리석은 일이죠.

19-9 子夏曰: "君子有三變: 望之儼然, 卽之也溫, 聽其言也厲."
자하왈 군자유삼변 망지엄연 즉지야온 청기언야려

자하가 말하였다.

"군자에게는 항상 세 가지 다양한 모습이 있다:
멀리서 바라보면 엄숙하고 단정하게 보인다.
가까이 다가가면 따사로움이 느껴진다.
그의 말을 들어보면 칼날같이 명철하다."

거대한 인격은 항상 다양한 모습을 지닙니다.

그 인격의 다양성을 '세 가지 변화'라고 표현한 거죠.

이 세 가지 모습은 인격자라면 동시에 갖추고 있는 미덕입니다.

19-10 子夏曰: "君子信而後勞其民; 未信, 則以爲厲己也.
자하왈   군자신이후로기민   미신   즉이위려기야

信而後諫; 未信, 則以爲謗己也."
신이후간   미신   즉이위방기야

자하가 말하였다.
"군자는 백성으로부터 믿음을 얻은 후에 그 백성을 부린다. 그들에게 믿음을 얻지 못하면 백성은 자신들을 괴롭힐 뿐이라고 생각한다. 군자는 임금으로부터 신임을 얻은 후에 임금에게 간(諫)한다. 신임을 얻지 못하면 임금은 자기를 비방한다고만 여길 뿐이다."

19-11 子夏曰: "大德不踰閑, 小德出入可也."
자하왈   대덕불유한   소덕출입가야

자하가 말하였다.
"큰 도덕의 울타리를 넘어가지만 않는다면, 작은 도덕의 소절(小節)은 출입(出入)이 있어도 크게 문제되지 않는다."

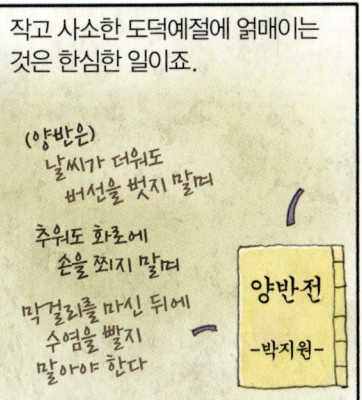

19-12 子游曰: "子夏之門人小子, 當灑掃應對進退, 則可矣, 抑末也.
자유왈　자하지문인소자　당쇄소응대진퇴　즉가의　억말야

本之則無, 如之何?"
본지즉무　여지하

자유(子游)가 말하였다.
"자하(子夏)의 문인소자(門人小子)들은 물 뿌리고 청소하고, 손님을 응대(應對)하고, 집안을 들락날락하는 예절 정도는 잘 배운 것 같다. 그러나 그런 것은 다 말엽적인 것이다. 근본으로 들어가면 아무것도 없으니 어찌할 것인가?"

子夏聞之, 曰: "噫! 言游過矣! 君子之道, 孰先傳焉? 孰後倦焉?
자하문지　왈　희　언유과의　군자지도　숙선전언　숙후권언

譬諸草木, 區以別矣. 君子之道, 焉可誣也? 有始有卒者, 其惟聖人乎!"
비저초목　구이별의　군자지도　언가무야　유시유졸자　기유성인호

자하(子夏)가 이 말을 듣고 말하였다.
"어허! 언유(言游: 자유의 성姓과 자字)의 말이 지나치다! 군자의 도인즉, 어느 것이 먼저라 하여 전하고, 어느 것이 후라 하여 게을리할 수 있겠는가? 초목에 비유해도 용도에 따라 구역을 나누어 심고 수확에도 단계적 절차가 있는 법이니, 어찌 군자의 도에 관하여 근본을 운운하면서 월권을 하려드는가? 시작이 있고 끝이 있고, 그 모든 것을 구비한 분은 오직 성인(聖人)이실 것이다!"

19-13

子夏曰:"仕而優則學, 學而優則仕."
자하왈 사이우즉학 학이우즉사

자하가 말하였다.

"벼슬하고도 여가가 생기면 틈틈이 학문을 하라!
학문을 이루고서 남음이 있다고 생각되면 벼슬길에 올라도 좋다."

19-14

子游曰:"喪致乎哀而止."
자유왈 상치호애이지

자유(子游)가 말하였다.

"상(喪)을 당해서는 슬픔을 극진히 하는 데서 그쳐야 한다."

19-15 子游曰:"吾友張也, 爲難能也, 然而未仁."
자 유 왈　　오 우 장 야　　위 난 능 야　　연 이 미 인

자유가 말하였다.

"나의 벗 자장(子張)은 어려운 일들을 잘 극복해내는 사람이었다.
그러나 인(仁)하다고까지는 말하기 어려울 것 같다."

19-16 曾子曰:"堂堂乎張也! 難與竝爲仁矣."
증 자 왈　　당 당 호 장 야　　난 여 병 위 인 의

증자(曾子)가 말하였다.

"나의 친구 자장(子張)은 당당(堂堂)한 사람이로다!
그러나 그와 더불어 함께 인(仁)을 실천하기는 어렵다."

19-17 曾子曰：" 吾聞諸夫子：人未有自致者也，必也親喪乎!"
증자왈　오문저부자　인미유자치자야　필야친상호

증자가 말하였다. "내가 부자(夫子)께 들은 이야기가 있다:
'사람은 자력으로 궁극에 도달하는 경우가 드물다.
그러나 부모의 상(喪)을 당해서는 반드시
그 궁극에 도달하는 정성을 다한다.'"

다른 일에는 지극한 마음을 쏟지 못하는 사람도

부모의 상을 당해서는 진실한 슬픔을 쏟아내겠죠.

증자가 이 말씀을 공자에게 직접 들었다면, 아마도 재아와의 논쟁과 관련해서 들었을 겁니다.

19-18 曾子曰："吾聞諸夫子：孟莊子之孝也，其他可能也；
증자왈　오문저부자　맹장자지효야　기타가능야

其不改父之臣與父之政，是難能也."
기불개부지신여부지정　시난능야

증자가 말하였다. "내가 부자(夫子)께 들은 이야기가 있다:
'노나라의 대부 맹장자(孟莊子)의 효행에 관해 말하자면,
그가 한 다른 일은 능히 실천할 수 있겠지만,
아버지의 신하와 아버지의 정치 방식을 바꾸지 아니 하고
잘 계승한 측면은 참으로 능히 실천하기가 어려운 것이다.'"

맹장자는 공자가 태어날 때 즈음의 노나라 대부였는데,
이름 : 중손속
양공 22년

아버지 맹헌자를 계승하였고 효행으로 이름이 높았죠.

아버지께서 살아계실 때는
그 뜻을 살피고,
아버지께서 돌아가셨을 때는
그 하신 일을 살핀다.

아마도 [학이] 11에 나오는 말씀의 모델이었을 겁니다.

삼 년 동안 아버지의 도(道)를 고침이 없으면 효라 이를 만하다.

19-19 孟氏使陽膚爲士師, 問於曾子.
맹씨사양부위사사 문어증자

曾子曰: "上失其道, 民散久矣! 如得其情, 則哀矜而勿喜!"
증자왈 상실기도 민산구의 여득기정 즉애긍이물희

삼환의 하나인 맹손씨가 증자의 제자인 양부(陽膚)를 사사(士師: 사법관)로 임명하였다. 양부가 증자에게 형옥(刑獄)에 관하여 물었다. 이에 증자가 말하였다.

"법무를 담당한 위 관리들이 도(道)를 잃어버려 민심이 떠난 지가 오래되었다. 범죄의 정황을 취조하여 그 실정을 파악했으면, 우선 그들을 긍휼히 여겨야지, 사실을 알아냈다고 기뻐하지 말아야 한다."

19-20 子貢曰:"紂之不善, 不如是之甚也. 是以君子惡居下流,
자공왈 주지불선 불여시지심야 시이군자오거하류

天下之惡皆歸焉."
천하지악개귀언

자공이 말하였다. "은(殷)나라의 마지막 왕 주(紂)의 불선(不善)이 세간의 평가처럼 그토록 심하지는 않았을 것이다.
그러므로 군자는 자신을 하류(下流)에 거(居)하도록 처신하지 않는다.
왜냐하면 천하의 악이란 악은 다 하류로 흘러 들어오기 때문이다."

19-21 子貢曰: "君子之過也, 如日月之食焉.
자공왈　군자지과야　여일월지식언

過也, 人皆見之; 更也, 人皆仰之."
과야　인개견지　경야　인개앙지

자공이 말하였다. "군자의 허물은 일식·월식과 같도다.
허물이 있으면 사람들이 모두 쳐다볼 수가 있고,
그 허물을 고쳤을 때에는 사람들이 모두 우러러보느니라."

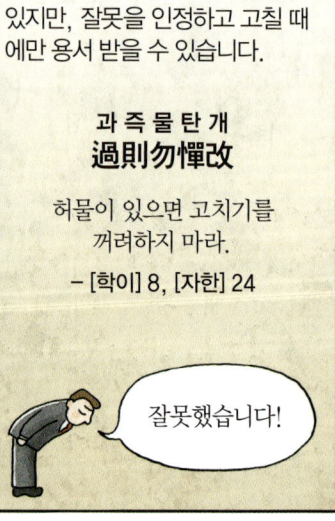

19-22 衛公孫朝問於子貢曰: "仲尼焉學?"
위공손조문어자공왈 중니언학

子貢曰: "文武之道, 未墜於地, 在人.
자공왈 문무지도 미추어지 재인

위(衛)나라의 대부 공손조(公孫朝)가
자공(子貢)에게 좀 삐딱하게 물었다.

"그대의 선생 중니(仲尼)는
누구에게서 무엇을 배웠는가?"

이에 자공이 확실하게 대답하였다.

"주나라 문명을 창시한 문왕(文王)과 무왕(武王)의
도(道)는 아직도 땅에 떨어지지 않아,
사람들 속에서 면면히 흐르고 있소.

賢者識其大者, 不賢者識其小者. 莫不有文武之道焉.
현자식기대자 불현자식기소자 막불유문무지도언

夫子焉不學? 而亦何常師之有?"
부자언불학 이역하상사지유

현명한 사람들은 그 흐름의 큰 것을 파악할 수 있고,
현명치 못한 자라도 그 흐름의 작은 것들은 파악할 수가 있소.
문무의 도를 가지고 있지 아니 한 사람이 없소이다. 보라!
부자께서 어디에서든 공부하지 아니 하실 수 있겠으며,
또한 어찌 정해진 선생이 있을 수 있겠는가!"

공손조는 위나라의 대부였다고 합니다.

자공은 공자 사후 여러 나라를 돌아다니면서 공자의 가르침을 알리는 운동을 하고 자금 지원도 했는데

공자 바로알기 운동

그 과정에서 만난 어떤 인물이었겠죠.

공손조 公孫朝
위나라 공실(公室)의 자손

공자의 제자 자공이 방문했다고?

어디 얘기 좀 들어볼까?

19-23 叔孫武叔語大夫於朝曰: "子貢賢於仲尼." 子服景伯以告子貢.
숙손무숙어대부어조왈　자공현어중니　자복경백이고자공

子貢曰: "譬之宮牆, 賜之牆也及肩, 窺見室家之好.
자공왈　비지궁장　사지장야급견　규견실가지호

노나라의 실권자인 대부 숙손무숙(叔孫武叔)이 조정에서 대부들에게 말하였다.

"자공(子貢)이 중니(仲尼)보다 낫다."

공문에 호감을 지닌 중신(重臣) 자복경백(子服景伯)이 이 말을 자공에게 일러주었다. 이에 자공이 말하였다.

"비유컨대 공선생님과 나의 경지는 건물의 담장과도 같소. 나 사(賜: 자공의 이름)의 담장은 어깨 높이 정도요. 그래서 그 담 안의 건물들의 좋은 모습들을 힐끗힐끗 들여다 볼 수가 있소이다.

夫子之牆數仞, 不得其門而入, 不見宗廟之美, 百官之富.
부자지장수인　부득기문이입　불견종묘지미　백관지부

得其門者或寡矣! 夫子之云, 不亦宜乎!"
득기문자혹과의　부자지운　불역의호

그러나 공선생님의 담장은 여러 길이나 된다오. 정식으로 그 대문을 찾아 들어가보지 않는 이상, 그 안에 있는 종묘의 아름다움과 백관(百官)들이 일하는 건물들의 풍요로운 모습을 도저히 볼 수가 없소. 그러나 그 대문을 찾아 들어가는 자가 드무니, 숙손(叔孫) 선생의 잘못된 말씀이 또한 자연스러운 것이 아니겠소이까?"

19-24 叔孫武叔毀仲尼. 子貢曰: "無以爲也! 仲尼不可毀也.
숙손무숙훼중니   자공왈   무이위야   중니불가훼야

他人之賢者, 丘陵也, 猶可踰也;
타인지현자   구릉야   유가유야

숙손무숙(叔孫武叔)이 노골적으로 공자를 헐뜯었다. 이에 자공이 말하였다.

"부질없는 짓은 그만두시오!
중니(仲尼)는 그대에 의하여 근본적으로 훼상(毁傷)될 수 없는 분이오.
보통 우리가 위대하다 하는 자들은 구릉(丘陵)에 비유할 수 있소이다.
구릉이란 아무리 높아도 밟고 넘을 수 있소.

仲尼, 日月也, 無得而踰焉. 人雖欲自絶, 其何傷於日月乎?
중니   일월야   무득이유언   인수욕자절   기하상어일월호

多見其不知量也!"
다견기부지량야

그러나 중니는 해와 달이오. 우리로부터 멀리 떨어져 있는 높이이니
인간이 도저히 밟고 넘을 수가 없는 것이오.
사람이 해와 달과의 관계를 끊고자 한다 해본들, 그것이 해와 달에
무슨 손상을 줄까보냐! 그것은 단지 그런 바보짓을 하는 사람들이
자신의 한계를 알지 못한다는 것을 드러낼 뿐이외다!"

자장제십구(子張第十九)

19-25 陳子禽謂子貢曰: "子爲恭也, 仲尼豈賢於子乎?"
진자금위자공왈　　자위공야　중니기현어자호

자공(子貢)의 제자, 진자금(陳子禽)이 자공에게 말하였다.

"선생님은 너무 겸손하십니다.
중니(仲尼)가 어찌 선생님보다 더 나을 수 있겠습니까?"

子貢曰: "君子一言以爲知, 一言以爲不知, 言不可不愼也!
자공왈　　군자일언이위지　　일언이위부지　　언불가불신야

夫子之不可及也, 猶天之不可階而升也.
부자지불가급야　　유천지불가계이승야

이에 자공이 말하였다.

"군자는 말 한마디로써 지혜롭게도 여겨지며,
말 한마디로써 어리석게도 여겨지는 것이니,
그 말 한마디를 조심하지 않을 수 없는 것이다.
부자(夫子)를 우리가 미칠 수 없음은
마치 하늘을 사다리 놓고 올라갈 수 없는 것과 같다.

夫子之得邦家者, 所謂立之斯立, 道之斯行, 綏之斯來, 動之斯和.
부자지득방가자　　소위입지사립　　도지사행　　수지사래　　동지사화

其生也榮, 其死也哀, 如之何其可及也?"
기생야영　　기사야애　　여지하기가급야

부자(夫子)께서 만약 한 나라를 얻었거나 했다면,
이른바 그 나라를 세우면 곧 섰을 것이요,
바른 방향으로 이끌었으면 이끌리었을 것이요,
평화롭게 다스리면 이웃의 나라들이 다 귀순했을 것이요,
백성들을 고무시켜 운동을 일으켜도 조화로운 사회가 실현되었을 것이다.
살아 계실 때는 그 나라의 백성들이 영예롭게 생각하고,
돌아가시면 그 나라의 백성들이 애통해할 것이니,
누가 어떻게 부자(夫子)의 경지에 미칠 수 있단 말이냐!"

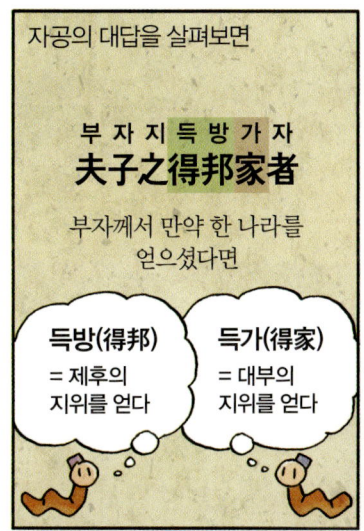
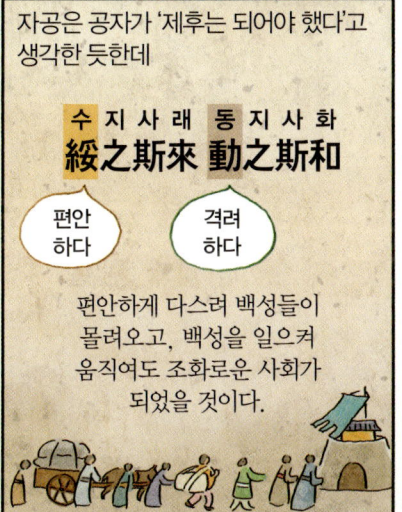
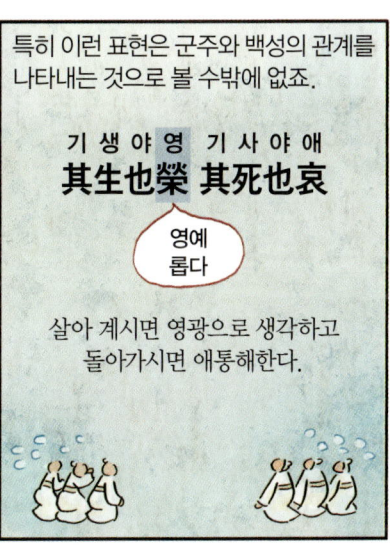

요왈제이십(堯曰第二十)

20-1A 堯曰: "咨! 爾舜! 天之曆數在爾躬, 允執其中!
요왈   자 이순 천지역수재이궁   윤집기중

四海困窮, 天祿永終." 舜亦以命禹.
사해곤궁 천록영종   순역이명우

요임금이 순임금에게 선양할 때 순에게 말씀하셨다.

"아아! 너 순(舜)아!
하늘의 역수(曆數)가 네 몸에 있도다!
진실로 그 가운데를 잡아라!
사해(四海)가 곤궁(困窮)해지면
천록(天祿)이 영원히 끊어질 것이다."

그리고 순임금 또한 우임금에게 선양할 때 비슷한 말씀으로 우에게 명(命)하셨다.

20-1B

曰：" 予小子履敢用玄牡, 敢昭告于皇皇后帝：有罪不敢赦.
왈　여소자리감용현모　감소고우황황후제　유죄불감사

帝臣不蔽, 簡在帝心. 朕躬有罪, 無以萬方；萬方有罪, 罪在朕躬."
제신불폐　간재제심　짐궁유죄　무이만방　만방유죄　죄재짐궁

은나라의 시조인 탕왕(湯王)이 하느님께 고하여 말하였다.

"저 소자(小子) 리(履: 탕왕의 이름)는 감히 검은 수소를 희생으로 바쳐,
감히 크고 크신 하느님께 환히 고하나이다. 죄 있는 사람을 용서할 수 없음은
신의 법칙이외다. 당신의 신하인 저 걸(桀)의 죄는 누구도 가리우지 못하나이다.
오직 당신의 마음에 그의 죄는 명명백백히 드러나 있나이다.
제 몸에 죄가 있다면 그것은 오직 저 자신의 책임이며 만방(萬方)의 백성 탓이 아니외다.
또 만방의 백성에 죄가 있다면 그 죄의 책임은 오직 저의 몸에 있나이다."

요왈제이십(堯曰第二十) 253

20-1C
"周有大賚, 善人是富. 雖有周親, 不如仁人. 百姓有過, 在予一人."
주유대뢰 선인시부 수유주친 불여인인 백성유과 재여일인

"우리 주(周)나라에 하느님으로부터 크나큰 베푸심이 있어, 이토록 인재가 풍부하게 있게 되었나이다.
주 왕실의 친척이 있어도 인(仁)한 사람만 같지 못하나이다.
백성들의 과실은 오직 그 책임이 저 한 사람에게 있나이다."

이것은 주 무왕이 은나라의 폭군 주를 토벌할 때의 말이라고 하나, 정확한 것은 알 수 없습니다.

무왕(武王)

다만 반란을 일으킨 무왕의 형제 관숙과 채숙은 처벌되었고

형님~

주공

같은 형제지만 관숙은 죽이고 채숙은 추방한다.

폭군 주(紂)의 형제였으나 현자였던 미자와 기자는 은의 유민들을 다스리게 한 예가 있죠.

적의 형제지만 미자는 송(宋)의, 기자는 조선의 제후로 봉한다.

20-1D
謹權量, 審法度, 修廢官, 四方之政行焉. 興滅國, 繼絶世,
근권량 심법도 수폐관 사방지정행언 흥멸국 계절세

舉逸民, 天下之民歸心焉.
거일민 천하지민귀심언

도량형을 근엄하게 통일하고, 법제도를 신중하게 살피고, 없어진 관직을 다시 살리니,
사방의 정치가 제대로 시행되었다. 멸망한 나라를 일으켜주고, 끊어진 세대를 이어주고,
숨은 인재를 등용하니, 천하의 백성들이 그 마음을 다스리는 자에게로 돌리었다.

所重: 民、食、喪、祭. 寬則得衆, 信則民任焉,
소중 민 식 상 제 관즉득중 신즉민임언

敏則有功, 公則說.
민즉유공 공즉열

소중히 여긴 것은 백성(民)이요, 식생활(食)이요, 상례(喪)요, 제례(祭)였다. 너그러우면 대중을 얻고, 신험이 있으면 백성들이 신임하고, 민첩하면 업적이 있게 되고, 공정하면 백성들이 기뻐한다.

이것은 고대의 선왕들이 나라를 다스리던 도리에 대한 논의이죠.

공손 / 믿음성 / 관대 / 민첩 / 배려
— [양화] 6

마지막 구절은 자장문인(子張問仁) 문답과 매우 비슷합니다.

20-2 子張問於孔子曰: "何如斯可以從政矣?"
자장문어공자왈   하여사가이종정의

子曰: "尊五美, 屛四惡, 斯可以從政矣."
자왈   존오미 병사악   사가이종정의

자장이 공자께 여쭈어 말하였다.

"어떻게 하여야 정치에 종사할 수 있습니까?"

이에 공자께서 말씀하셨다.

"다섯 가지 아름다운 일을 존중하고, 네 가지 추악한 일을 물리치라! 그리하면 정치에 종사할 수 있으리라."

5미 4악

子張曰: "何謂五美?" 子曰: "君子惠而不費, 勞而不怨, 欲而不貪,
자장왈   하위오미   자왈   군자혜이불비   노이불원   욕이불탐

泰而不驕, 威而不猛."
태이불교   위이불맹

자장이 말하였다.

"무엇이 다섯 가지 아름다운 일입니까?"

이에 공자께 말씀하셨다.

"군자는 은혜를 베풀어도 허비하지 아니 하며, 백성에게 노역을 시켜도 그들이 원망치 아니 하며, 욕심을 내어도 인(仁)한 욕심만 내기 때문에 탐(貪)하지 아니 하며, 생활이 유족하면서도 교만하지 아니 하며, 위엄이 있으면서도 사납지 아니 하다."

5美

子張曰: "何謂惠而不費?" 子曰: "因民之所利而利之, 斯不亦惠而不費乎?
자장왈   하위혜이불비   자왈   인민지소리이리지   사불역혜이불비호

擇可勞而勞之, 又誰怨? 欲仁而得仁, 又焉貪?
택가로이로지   우수원   욕인이득인   우언탐

자장이 여쭈어 말하였다.

"무엇을 은혜를 베풀어도 허비하지 아니 한다고 일컬을 수 있습니까?"

이에 공자께서 말씀하셨다.

"백성들이 이롭게 생각하는 바를 따라 이롭게 해주니, 이 또한 은혜를 베풀어도 허비하지 않는다고 말할 수 있지 않겠는가? 그들이 노역할 만한 일을 선택하여 노역을 시키니 또한 그들이 누구를 원망하리오? 인(仁)을 욕심내어 인(仁)을 얻을 뿐이니 또 어찌 탐심이 일겠는가?

君子無衆寡, 無小大, 無敢慢, 斯不亦泰而不驕乎? 君子正其衣冠,
군자무중과   무소대   무감만   사불역태이불교호   군자정기의관

尊其瞻視, 儼然人望而畏之, 斯不亦威而不猛乎?"
존기첨시   엄연인망이외지   사불역위이불맹호

군자는 많고 적음을 가리지 않고, 작고 큼을 가리지 않으며, 그러한 분별심에 따라 상대방에게 오만한 자세를 보이지 아니 하니, 이 또한 생활이 유족하면서도 교만하지 아니 하다 할 만하지 않겠는가? 군자는 의관을 정제하고 바라보는 것을 존엄하게 하니, 그 엄연한 모습을 사람들이 바라보고 외경심을 품는다.
이 또한 위엄이 있으면서도 사납지 아니 하다고 할 만하지 않겠는가?"

子張曰："何謂四惡?" 子曰："不敎而殺謂之虐, 不戒視成謂之暴,
자장왈   하위사악   자왈   불교이살위지학   불계시성위지폭

慢令致期謂之賊. 猶之與人也, 出納之吝, 謂之有司."
만령치기위지적   유지여인야   출납지린   위지유사

자장이 말하였다.

"무엇이 네 가지 추악한 일입니까?"

이에 공자께 말씀하셨다.

"백성을 교육시키지도 아니 하고 잘못했다고 죽이는 것을 학(虐)이라 일컫고, 미리 통고하지도 아니 하고 완성된 것을 보이라고 요구하는 것을 폭(暴)이라 일컫고, 명령을 아무렇게나 발하면서 기한을 각박하게 하는 것을 적(賊)이라 일컫고, 어차피 똑같이 나누어줄 것인데 출납을 인색하게 하는 것을 유사(有司)라고 일컫는다."

자장과 공자의 문답 형식을 빌려 위정자의 자격 조건을 논하고 있는데,

자세히 보면 〈논어〉 각 편의 이야기들을 요약한 것이죠.

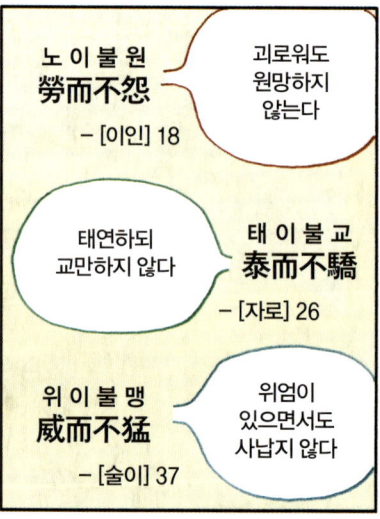

노 이 불 원
勞而不怨
- [이인] 18

괴로워도 원망하지 않는다

태 이 불 교
泰而不驕
- [자로] 26

태연하되 교만하지 않다

위 이 불 맹
威而不猛
- [술이] 37

위엄이 있으면서도 사납지 않다

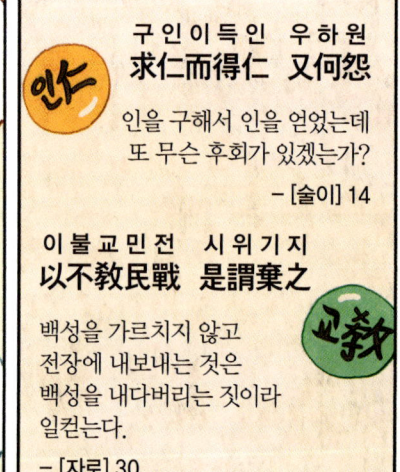

구 인 이 득 인   우 하 원
求仁而得仁   又何怨

인을 구해서 인을 얻었는데 또 무슨 후회가 있겠는가?
- [술이] 14

이 불 교 민 전   시 위 기 지
以不敎民戰   是謂棄之

백성을 가르치지 않고 전장에 내보내는 것은 백성을 내다버리는 짓이라 일컫는다.
- [자로] 30

'유사'는 직접 업무를 맡아보는 공무원을 말하는데

이 단어들의 공통점은

모두 해친다는 뜻이 들어 있다는 점…

학, 폭, 적과 함께 유사를 '네 가지 추악한 일'로 꼽은 것이 눈에 띕니다.

사 악
四惡

꾀죄죄한 말단 공무원의 심보

내꺼인듯 내꺼 아닌 내꺼 같은 (아까운) 구휼미…

[요왈]편에는 공자 제자 중 유일하게 자장이 등장하고 있죠.

제1장과 2장은 자장의 후학들에 의해 기록된 것으로 보입니다.

20-3

子曰:"不知命, 無以爲君子也; 不知禮, 無以立也;
자왈   부지명   무이위군자야   부지례   무이립야

不知言, 無以知人也."
부지언   무이지인야

공자께서 말씀하셨다. "명(命)을 알지 못하면 군자(君子)가 될 수 없으며,
예(禮)를 알지 못하면 설 수가 없으며,
언(言)을 분변(分辨)하지 못하면
타인들의 사람됨을 알아볼 수가 없다."

마지막 장입니다. 학(學)으로 시작되었던 〈논어〉는

학이시습지 불역열호

인부지이불온 불역군자호

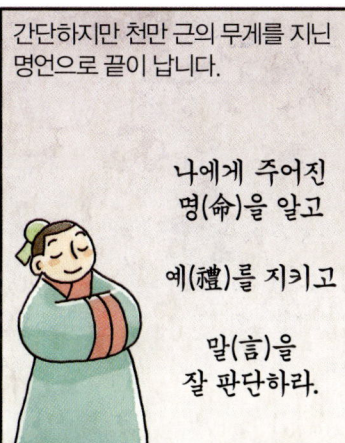

간단하지만 천만 근의 무게를 지닌 명언으로 끝이 납니다.

나에게 주어진 명(命)을 알고

예(禮)를 지키고

말(言)을 잘 판단하라.

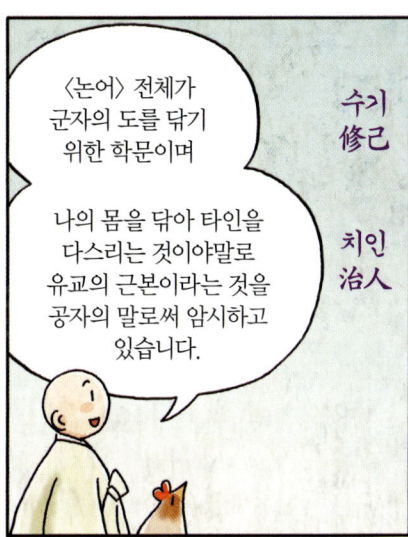

〈논어〉 전체가 군자의 도를 닦기 위한 학문이며

나의 몸을 닦아 타인을 다스리는 것이야말로 유교의 근본이라는 것을 공자의 말로써 암시하고 있습니다.

수기
修己

치인
治人

부자지장수인   부득기문이입   불견종묘지미   백관지부
夫子之牆數仞, 不得其門而入, 不見宗廟之美, 百官之富

– [자장] 23

이제 5권에 걸쳐 〈논어〉의 세계를 안내하던 저의 역할도 끝이 났습니다.

여러분은 〈논어〉 속으로 들어가는 대문을 찾아냈고,

그 안에 들어가 '종묘의 아름다움'과 '백관의 풍요로움'을 두루 보셨습니다.

언제든지 다시 들어가 볼 수 있도록 대문을 잘 열어두시기 바랍니다.

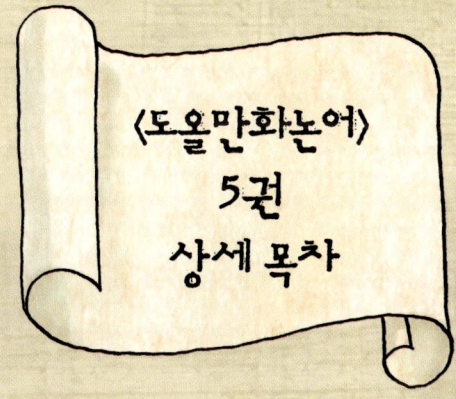

〈도올만화논어〉
5권
상세 목차

안연제십이(顔淵第十二)

12-1 顔淵問仁。子曰:"克己復禮爲仁。· 8
안연문인 자왈 극기복례위인

12-2 仲弓問仁。· 9
중궁문인

12-3 司馬牛問仁。· 10
사마우문인

12-4 司馬牛問君子。· 12
사마우문군자

12-5 司馬牛憂曰:"人皆有兄弟,我獨亡!"· 13
사마우우왈 인개유형제 아독무

12-6 子張問明。· 15
자장문명

12-7 子貢問政。· 16
자공문정

12-8 棘子成曰:"君子質而已矣,何以文爲?"· 17
극자성왈 군자질이이의 하이문위

12-9 哀公問於有若曰:"年饑,用不足,如之何?"· 18
애공문어유약왈 연기 용부족 여지하

12-10 子張問崇德辨惑。· 19
자장문숭덕변혹

12-11 齊景公問政於孔子。· 21
제경공문정어공자

12-12 子曰:"片言可以折獄者,其由也與?"· 22
자왈 편언가이절옥자 기유야여

12-13 子曰:"聽訟,吾猶人也。必也使無訟乎!"· 22
자왈 청송 오유인야 필야사무송호

12-14 子張問政。子曰:"居之無倦,行之以忠。"· 24
자장문정 자왈 거지무권 행지이충

12-15 子曰:"博學於文,約之以禮,亦可以弗畔矣夫!"· 24
자왈 박학어문 약지이례 역가이불반의부

12-16 子曰:"君子成人之美,不成人之惡。小人反是。"· 25
자왈 군자성인지미 불성인지오 소인반시

12-17 季康子問政於孔子。· 26
계강자문정어공자

12-18 季康子患盜,問於孔子。· 26
계강자환도 문어공자

| 12-19 | 季康子問政於孔子曰:"如殺無道, 以就有道, 何如?" · 27
계강자문정어공자왈   여살무도   이취유도   하여

| 12-20 | 子張問:"士何如斯可謂之達矣?" · 28
자장문   사하여사가위지달의

| 12-21 | 樊遲從遊於舞雩之下。· 30
번지종유어무우지하

| 12-22 | 樊遲問仁。子曰:"愛人。" · 31
번지문인 자왈   애인

| 12-23 | 子貢問友。· 32
자공문우

| 12-24 | 曾子曰:"君子以文會友, 以友輔仁。" · 33
증자왈   군자이문회우   이우보인

자로제십삼(子路第十三)

| 13-1 | 子路問政。· 36
자로문정

| 13-2 | 仲弓爲季氏宰, 問政。· 36
중궁위계씨재   문정

| 13-3 | 子路曰:"衛君待子而爲政, 子將奚先?" · 37
자로왈   위군대자이위정   자장해선

| 13-4 | 樊遲請學稼。· 39
번지청학가

| 13-5 | 子曰:"誦詩三百, 授之以政, 不達; · 41
자왈   송시삼백   수지이정   부달

| 13-6 | 子曰:"其身正, 不令而行; 其身不正, 雖令不從。" · 42
자왈   기신정   불령이행   기신부정   수령부종

| 13-7 | 子曰:"魯衛之政, 兄弟也!" · 42
자왈   노위지정   형제야

| 13-8 | 子謂衛公子荊, "善居室。· 43
자위위공자형   선거실

| 13-9 | 子適衛, 冉有僕。· 44
자적위   염유복

| 13-10 | 子曰:"苟有用我者, 期月而已可也, 三年有成。" · 45
자왈   구유용아자   기월이이가야   삼년유성

| 13-11 | 子曰:"'善人爲邦百年, 亦可以勝殘去殺矣。' · 46
자왈   선인위방백년   역가이승잔거살의

13-12 子曰:"如有王者, 必世而後仁。"·46
자왈   여유왕자   필세이후인

13-13 子曰:"苟正其身矣, 於從政乎何有?"·47
자왈   구정기신의   어종정호하유

13-14 冉子退朝。·48
염자퇴조

13-15 定公問:"一言而可以興邦, 有諸?"·49
정공문   일언이가이흥방   유저

13-16 葉公問政。子曰:"近者說, 遠者來。"·50
섭공문정   자왈   근자열   원자래

13-17 子夏爲莒父宰, 問政。·50
자하위거보재   문정

13-18 葉公語孔子曰:"吾黨有直躬者, 其父攘羊, 而子證之。"·51
섭공어공자왈   오당유직궁자   기부양양   이자증지

13-19 樊遲問仁。·53
번지문인

13-20 子貢問曰:"何如斯可謂之士矣?"·54
자공문왈   하여사가위지사의

13-21 子曰:"不得中行而與之, 必也狂狷乎!·56
자왈   부득중행이여지   필야광견호

13-22 子曰:"南人有言曰:'人而無恒, 不可以作巫醫。'善夫!·59
자왈   남인유언왈   인이무항   불가이작무의   선부

13-23 子曰:"君子和而不同, 小人同而不和。"·60
자왈   군자화이부동   소인동이불화

13-24 子貢問曰:"鄕人皆好之, 何如?"·61
자공문왈   향인개호지   하여

13-25 子曰:"君子易事而難說也。"·62
자왈   군자이사이난열야

13-26 子曰:"君子泰而不驕, 小人驕而不泰。"·64
자왈   군자태이불교   소인교이불태

13-27 子曰:"剛、毅、木、訥, 近仁。"·64
자왈   강   의   목   눌   근인

13-28 子路問曰:"何如斯可謂之士矣?"·65
자로문왈   하여사가위지사의

13-29 子曰:"善人教民七年, 亦可以卽戎矣。"·66
자왈   선인교민칠년   역가이즉융의

13-30 子曰:"以不教民戰, 是謂棄之。"·67
자왈   이불교민전   시위기지

헌문제십사(憲問第十四)

14-1 憲問恥。·70
헌문치

14-2 "克、伐、怨、欲, 不行焉, 可以爲仁矣?"·71
극 벌 원 욕 불행언 가이위인의

14-3 子曰:"士而懷居, 不足以爲士矣。"·71
자왈 사이회거 부족이위사의

14-4 子曰:"邦有道, 危言危行; 邦無道, 危行言孫。"·73
자왈 방유도 위언위행 방무도 위행언손

14-5 子曰:"有德者必有言, 有言者不必有德。·73
자왈 유덕자필유언 유언자불필유덕

14-6 南宮适問於孔子曰:·74
남궁괄문어공자왈

14-7 子曰:"君子而不仁者有矣夫!·76
자왈 군자이불인자유의부

14-8 子曰:"愛之, 能勿勞乎? 忠焉, 能勿誨乎?"·76
자왈 애지 능물로호 충언 능물회호

14-9 子曰:"爲命, 裨諶草創之,·77
자왈 위명 비침초창지

14-10 或問子産。子曰:"惠人也。"·78
혹문자산 자왈 혜인야

14-11 子曰:"貧而無怨, 難; 富而無驕, 易。"·81
자왈 빈이무원 난 부이무교 이

14-12 子曰:"孟公綽, 爲趙魏老則優, 不可以爲滕薛大夫。"·81
자왈 맹공작 위조위로즉우 불가이위등설대부

14-13 子路問成人。·82
자로문성인

14-14 子問公叔文子於公明賈,·84
자문공숙문자어공명가

14-15 子曰:"臧武仲以防, 求爲後於魯, 雖曰不要君, 吾不信也。"·86
자왈 장무중이방 구위후어로 수왈불요군 오불신야

14-16 子曰:"晉文公譎而不正, 齊桓公正而不譎。"·87
자왈 진문공휼이부정 제환공정이불휼

14-17 子路曰:"桓公殺公子糾, 召忽死之, 管仲不死。曰未仁乎?"·88
자로왈 환공살공자규 소홀사지 관중불사 왈미인호

14-18 子貢曰:"管仲非仁者與? 桓公殺公子糾, 不能死, 又相之。"·94
자공왈 관중비인자여 환공살공자규 불능사 우상지

| 14-19 | 公叔文子之臣大夫僎, 與文子同升諸公。· 97
공숙문자지신대부선 여문자동승저공

| 14-20 | 子言衛靈公之無道也, · 97
자언위령공지무도야

| 14-21 | 子曰:"其言之不怍, 則爲之也難。"· 99
자왈 기언지부작 즉위지야난

| 14-22 | 陳成子弑簡公。· 99
진성자시간공

| 14-23 | 子路問事君。子曰:"勿欺也, 而犯之。"· 102
자로문사군 자왈 물기야 이범지

| 14-24 | 子曰:"君子上達, 小人下達。"· 102
자왈 군자상달 소인하달

| 14-25 | 子曰:"古之學者爲己, 今之學者爲人。"· 103
자왈 고지학자위기 금지학자위인

| 14-26 | 蘧伯玉使人於孔子。· 104
거백옥사인어공자

| 14-27 | 子曰:"不在其位, 不謀其政。"· 105
자왈 부재기위 불모기정

| 14-28 | 曾子曰:"君子思不出其位。"· 105
증자왈 군자사불출기위

| 14-29 | 子曰:"君子恥其言而過其行。"· 105
자왈 군자치기언이과기행

| 14-30 | 子曰:"君子道者三, 我無能焉: · 106
자왈 군자도자삼 아무능언

| 14-31 | 子貢方人。· 106
자공방인

| 14-32 | 子曰:"不患人之不己知, 患其不能也。"· 107
자왈 불환인지불기지 환기불능야

| 14-33 | 子曰:"不逆詐, 不億不信, 抑亦先覺者, 是賢乎!"· 107
자왈 불역사 불억불신 억역선각자 시현호

| 14-34 | 微生畝謂孔子曰:"丘何爲是栖栖者與? 無乃爲佞乎?"· 108
미생무위공자왈 구하위시서서자여 무내위녕호

| 14-35 | 子曰:"驥不稱其力, 稱其德也。"· 109
자왈 기불칭기력 칭기덕야

| 14-36 | 或曰,"以德報怨, 何如?"· 109
혹왈 이덕보원 하여

| 14-37 | 子曰:"莫我知也夫!"· 110
자왈 막아지야부

| 14-38 | 公伯寮愬子路於季孫。·113
공백료소자로어계손 |

| 14-39 | 子曰:"賢者辟世, 其次辟地, 其次辟色, 其次辟言。"·115
자왈 현자피세 기차피지 기차피색 기차피언 |

| 14-40 | 子曰:"作者七人矣。"·115
자왈 작자칠인의 |

| 14-41 | 子路宿於石門。·117
자로숙어석문 |

| 14-42 | 子擊磬於衛,·117
자격경어위 |

| 14-43 | 子張曰:"書云:'高宗諒陰, 三年不言。'何謂也?"·119
자장왈 서운 고종양암 삼년불언 하위야 |

| 14-44 | 子曰:"上好禮, 則民易使也。"·120
자왈 상호례 즉민이사야 |

| 14-45 | 子路問君子。·120
자로문군자 |

| 14-46 | 原壤夷俟。·121
원양이사 |

| 14-47 | 闕黨童子將命。·123
궐당동자장명 |

위령공제십오(衛靈公第十五)

| 15-1 | 衛靈公問陳於孔子。·126
위령공문진어공자 |

| 15-2 | 子曰:"賜也, 女以予爲多學而識之者與?"·128
자왈 사야 여이여위다학이식지자여 |

| 15-3 | 子曰:"由! 知德者鮮矣。"·128
자왈 유 지덕자선의 |

| 15-4 | 子曰:"無爲而治者, 其舜也與!·129
자왈 무위이치자 기순야여 |

| 15-5 | 子張問行。·130
자장문행 |

| 15-6 | 子曰:"直哉史魚! 邦有道, 如矢; 邦無道, 如矢。·131
자왈 직재사어 방유도 여시 방무도 여시 |

| 15-7 | 子曰:"可與言而不與之言, 失人; 不可與言而與之言, 失言。·132
자왈 가여언이불여지언 실인 불가여언이여지언 실언 |

15-8	子曰:"志士仁人, 無求生以害仁, 有殺身以成仁."·132
	자왈 지사인인 무구생이해인 유살신이성인
15-9	子貢問爲仁.·133
	자공문위인
15-10	顔淵問爲邦.·134
	안연문위방
15-11	子曰:"人無遠慮, 必有近憂."·135
	자왈 인무원려 필유근우
15-12	子曰:"已矣乎! 吾未見好德如好色者也!"·135
	자왈 이의호 오미견호덕여호색자야
15-13	子曰:"臧文仲其竊位者與?·136
	자왈 장문중기절위자여
15-14	子曰:"躬自厚, 而薄責於人, 則遠怨矣."·136
	자왈 궁자후 이박책어인 즉원원의
15-15	子曰:"不曰'如之何, 如之何'者, 吾末如之何也已矣."·137
	자왈 불왈 여지하 여지하자 오말여지하야이의
15-16	子曰:"群居終日, 言不及義, 好行小慧, 難矣哉!"·137
	자왈 군거종일 언불급의 호행소혜 난의재
15-17	子曰:"君子義以爲質, 禮以行之, 孫以出之, 信以成之."·138
	자왈 군자의이위질 예이행지 손이출지 신이성지
15-18	子曰:"君子病無能焉, 不病人之不己知也."·138
	자왈 군자병무능언 불병인지불기지야
15-19	子曰:"君子疾沒世而名不稱焉."·138
	자왈 군자질몰세이명불칭언
15-20	子曰:"君子求諸己, 小人求諸人."·139
	자왈 군자구저기 소인구저인
15-21	子曰:"君子矜而不爭, 群而不黨."·139
	자왈 군자긍이부쟁 군이부당
15-22	子曰,"君子不以言擧人, 不以人廢言."·140
	자왈 군자불이언거인 불이인폐언
15-23	子貢問曰:"有一言而可以終身行之者乎?"·140
	자공문왈 유일언이가이종신행지자호
15-24	子曰:"吾之於人也, 誰毀誰譽?·141
	자왈 오지어인야 수훼수예
15-25	子曰:"吾猶及史之闕文也, 有馬者借人乘之, 今亡矣夫!"·142
	자왈 오유급사지궐문야 유마자차인승지 금무의부
15-26	子曰:"巧言亂德. 小不忍, 則亂大謀."·142
	자왈 교언란덕 소불인 즉란대모

| 15-27 | 子曰:"衆惡之, 必察焉;"·143
자왈 중오지 필찰언

| 15-28 | 子曰:"人能弘道, 非道弘人."·144
자왈 인능홍도 비도홍인

| 15-29 | 子曰:"過而不改, 是謂過矣!"·145
자왈 과이불개 시위과의

| 15-30 | 子曰:"吾嘗終日不食, 終夜不寢,·145
자왈 오상종일불식 종야불침

| 15-31 | 子曰:"君子謀道不謀食. 耕也, 餒在其中矣;·146
자왈 군자모도불모식 경야 뇌재기중의

| 15-32 | 子曰:"知及之, 仁不能守之; 雖得之, 必失之.·147
자왈 지급지 인불능수지 수득지 필실지

| 15-33 | 子曰:"君子不可小知, 而可大受也;·148
자왈 군자불가소지 이가대수야

| 15-34 | 子曰:"民之於仁也, 甚於水火."·148
자왈 민지어인야 심어수화

| 15-35 | 子曰:"當仁, 不讓於師."·149
자왈 당인 불양어사

| 15-36 | 子曰:"君子貞而不諒."·149
자왈 군자정이불량

| 15-37 | 子曰:"事君, 敬其事而後其食."·150
자왈 사군 경기사이후기식

| 15-38 | 子曰:"有教無類."·150
자왈 유교무류

| 15-39 | 子曰:"道不同, 不相爲謀."·151
자왈 도부동 불상위모

| 15-40 | 子曰:"辭, 達而已矣!"·151
자왈 사 달이이의

| 15-41 | 師冕見, 及階, 子曰:"階也."·152
사면견 급계 자왈 계야

계씨제십육(季氏第十六)

| 16-1 | 季氏將伐顓臾.·156
계씨장벌전유

| 16-2 | 孔子曰:"天下有道, 則禮樂征伐自天子出;·161
공자왈 천하유도 즉예악정벌자천자출

| 16-3 | 孔子曰: "祿之去公室, 五世矣; 政逮於大夫, 四世矣。· 162
공자왈 녹지거공실 오세의 정체어대부 사세의

| 16-4 | 孔子曰: "益者三友, 損者三友。· 163
공자왈 익자삼우 손자삼우

| 16-5 | 孔子曰: "益者三樂, 損者三樂。· 164
공자왈 익자삼락 손자삼락

| 16-6 | 孔子曰: "侍於君子有三愆: · 165
공자왈 시어군자유삼건

| 16-7 | 孔子曰: "君子有三戒: · 166
공자왈 군자유삼계

| 16-8 | 孔子曰: "君子有三畏: · 168
공자왈 군자유삼외

| 16-9 | 孔子曰: "生而知之者, 上也。· 168
공자왈 생이지지자 상야

| 16-10 | 孔子曰: "君子有九思: · 169
공자왈 군자유구사

| 16-11 | 孔子曰: "見善如不及, 見不善如探湯。· 171
공자왈 견선여불급 견불선여탐탕

| 16-12 | 齊景公有馬千駟, 死之日, 民無德而稱焉。· 172
제경공유마천사 사지일 민무덕이칭언

| 16-13 | 陳亢問於伯魚曰: "子亦有異聞乎?"· 173
진항문어백어왈 자역유이문호

| 16-14 | 邦君之妻, 君稱之曰夫人, 夫人自稱曰小童。· 175
방군지처 군칭지왈부인 부인자칭왈소동

양화제십칠(陽貨第十七)

| 17-1 | 陽貨欲見孔子, 孔子不見, 歸孔子豚。· 178
양화욕견공자 공자불견 귀공자돈

| 17-2 | 子曰: "性相近也, 習相遠也。"· 181
자왈 성상근야 습상원야

| 17-3 | 子曰: "唯上知與下愚不移。"· 183
자왈 유상지여하우불이

| 17-4 | 子之武城, 聞弦歌之聲。· 184
자지무성 문현가지성

| 17-5 | 公山弗擾以費畔, 召, 子欲往。· 185
공산불요이비반 소 자욕왕

17-6 子張問仁於孔子。· 187
자장문인어공자

17-7 佛肸召, 子欲往。· 188
필힐소   자욕왕

17-8 子曰: "由也! 女聞六言六蔽矣乎!" · 190
자왈   유야   여문육언육폐의호

17-9 子曰: "小子, 何莫學夫詩? · 191
자왈   소자   하막학부시

17-10 子謂伯魚曰: "女爲周南召南矣乎? · 192
자위백어왈   여위주남소남의호

17-11 子曰: "禮云禮云, 玉帛云乎哉? · 193
자왈   예운예운   옥백운호재

17-12 子曰: "色厲而內荏, 譬諸小人, 其猶穿窬之盜也與?" · 194
자왈   색려이내임   비저소인   기유천유지도야여

17-13 子曰: "鄕愿, 德之賊也!" · 195
자왈   향원   덕지적야

17-14 子曰: "道聽而塗說, 德之棄也!" · 196
자왈   도청이도설   덕지기야

17-15 子曰: "鄙夫, 可與事君也與哉? · 196
자왈   비부   가여사군야여재

17-16 子曰: "古者民有三疾, 今也或是之亡也。· 197
자왈   고자민유삼질   금야혹시지무야

17-17 子曰: "巧言令色, 鮮矣仁。" · 198
자왈   교언영색   선의인

17-18 子曰: "惡紫之奪朱也, · 198
자왈   오자지탈주야

17-19 子曰: "予欲無言。" · 199
자왈   여욕무언

17-20 孺悲欲見孔子, 孔子辭以疾。· 200
유비욕견공자   공자사이질

17-21 宰我問: "三年之喪, 期已久矣! · 201
재아문   삼년지상   기이구의

17-22 子曰: "飽食終日, 無所用心, 難矣哉! · 204
자왈   포식종일   무소용심   난의재

17-23 子路曰: "君子尙勇乎?" · 204
자로왈   군자상용호

17-24 子貢曰: "君子亦有惡乎?" · 205
자공왈   군자역유오호

| 17-25 | 子曰 : "唯女子與小人爲難養也! · 206
자왈   유여자여소인위난양야

| 17-26 | 子曰 : "年四十而見惡焉, 其終也已." · 207
자왈   연사십이견오언 기종야이

미자제십팔(微子第十八)

| 18-1 | 微子去之, 箕子爲之奴, 比干諫而死. · 210
미자거지   기자위지노   비간간이사

| 18-2 | 柳下惠爲士師, 三黜. · 211
유하혜위사사   삼출

| 18-3 | 齊景公待孔子曰 : "若季氏, 則吾不能, · 212
제경공대공자왈   약계씨   즉오불능

| 18-4 | 齊人歸女樂, · 213
제인귀여악

| 18-5 | 楚狂接輿歌而過孔子曰 : "鳳兮! 鳳兮! 何德之衰? · 214
초광접여가이과공자왈   봉혜   봉혜   하덕지쇠

| 18-6 | 長沮·桀溺耦而耕, 孔子過之, 使子路問津焉. · 215
장저   걸닉우이경   공자과지   사자로문진언

| 18-7 | 子路從而後, 遇丈人, 以杖荷蓧. · 217
자로종이후   우장인   이장하조

| 18-8 | 逸民 : 伯夷·叔齊·虞仲·夷逸·朱張·柳下惠·少連. · 219
일민   백이   숙제   우중   이일   주장   유하혜   소련

| 18-9 | 大師摯適齊, 亞飯干適楚, · 222
태사지적제   아반간적초

| 18-10 | 周公謂魯公曰 : · 224
주공위노공왈

| 18-11 | 周有八士 : · 225
주유팔사

자장제십구(子張第十九)

| 19-1 | 子張曰 : "士見危致命, 見得思義, · 230
자장왈   사견위치명   견득사의

| 19-2 | 子張曰 : "執德不弘, 信道不篤, 焉能爲有? 焉能爲亡?" · 230
자장왈   집덕불홍   신도부독   언능위유   언능위무

19-3	子夏之門人, 問交於子張。· 231
	자하지문인 문교어자장

19-4	子夏曰: "雖小道, 必有可觀者焉; · 232
	자하왈 수소도 필유가관자언

19-5	子夏曰: "日知其所亡, 月無忘其所能, 可謂好學也已矣。"· 232
	자하왈 일지기소무 월무망기소능 가위호학야이의

19-6	子夏曰: "博學而篤志, 切問而近思, 仁在其中矣。"· 233
	자하왈 박학이독지 절문이근사 인재기중의

19-7	子夏曰: "百工居肆以成其事, 君子學以致其道。"· 233
	자하왈 백공거사이성기사 군자학이치기도

19-8	子夏曰: "小人之過也必文。"· 234
	자하왈 소인지과야필문

19-9	子夏曰: "君子有三變: · 234
	자하왈 군자유삼변

19-10	子夏曰: "君子信而後勞其民; · 235
	자하왈 군자신이후로기민

19-11	子夏曰: "大德不踰閑, 小德出入可也。"· 235
	자하왈 대덕불유한 소덕출입가야

19-12	子游曰: "子夏之門人小子, 當灑掃應對進退, · 236
	자유왈 자하지문인소자 당쇄소응대진퇴

19-13	子夏曰: "仕而優則學, 學而優則仕。"· 237
	자하왈 사이우즉학 학이우즉사

19-14	子游曰: "喪致乎哀而止。"· 237
	자유왈 상치호애이지

19-15	子游曰: "吾友張也, 爲難能也, 然而未仁。"· 238
	자유왈 오우장야 위난능야 연이미인

19-16	曾子曰: "堂堂乎張也! 難與竝爲仁矣。"· 238
	증자왈 당당호장야 난여병위인의

19-17	曾子曰: "吾聞諸夫子: 人未有自致者也, 必也親喪乎!"· 239
	증자왈 오문저부자 인미유자치자야 필야친상호

19-18	曾子曰: "吾聞諸夫子: 孟莊子之孝也, 其他可能也; · 239
	증자왈 오문저부자 맹장자지효야 기타가능야

19-19	孟氏使陽膚爲士師, 問於曾子。· 240
	맹씨사양부위사사 문어증자

19-20	子貢曰: "紂之不善, 不如是之甚也。· 241
	자공왈 주지불선 불여시지심야

19-21	子貢曰: "君子之過也, 如日月之食焉。· 242
	자공왈 군자지과야 여일월지식언

19-22	衛公孫朝問於子貢曰：“仲尼焉學？” · 243
	위공손조문어자공왈　중니언학

19-23	叔孫武叔語大夫於朝曰：“子貢賢於仲尼。” · 245
	숙손무숙어대부어조왈　자공현어중니

19-24	叔孫武叔毀仲尼。 · 247
	숙손무숙훼중니

19-25	陳子禽謂子貢曰：“子爲恭也，仲尼豈賢於子乎？” · 248
	진자금위자공왈　자위공야　중니기현어자호

요왈제이십(堯曰第二十)

20-1A	堯曰：“咨! 爾舜! · 252
	요왈　자 이순

20-1B	曰：“予小子履敢用玄牡，敢昭告于皇皇后帝。· 253
	왈　여소자리감용현모　감소고우황황후제

20-1C	“周有大賚，善人是富。· 254
	주유대뢰　선인시부

20-1D	謹權量，審法度，修廢官，四方之政行焉。· 254
	근권량　심법도　수폐관　사방지정행언

20-2	子張問於孔子曰：“何如斯可以從政矣？” · 255
	자장문어공자왈　하여사가이종정의

20-3	子曰：“不知命，無以爲君子也； · 257
	자왈　부지명　무이위군자야

도올만화논어 5

2015년 5월 10일 초판발행
2017년 10월 3일 1판 2쇄

지은이·보현
펴낸이·남호섭
편집책임·김인혜
디자인·권진영
채색·안승희 박진숙
편집·제작·오성룡 임진권 신수기
펴낸곳·통나무

주소·서울 종로구 동숭동 199-27
전화·(02) 744-7992
팩스·(02) 762-8520
출판등록·1989.11.3. 제1-970호
값·12,900원

ⓒ Bo-Hyon, 2015

ISBN 978-89-8264-505-1
ISBN 978-89-8264-500-6 (전5권)